NOUVELLE BIBLIOTHÈQUE CLASSIQUE
DES ÉDITIONS JOUAUST

AGRIPPA D'AUBIGNÉ

LES TRAGIQUES

PUBLIÉS

Avec Étude, Additions et Notes

PAR

CHARLES READ

TOME SECOND

PARIS
LIBRAIRIE DES BIBLIOPHILES
E. FLAMMARION SUCCESSEUR

D'AUBIGNÉ

—

LES TRAGIQUES

AGRIPPA D'AUBIGNÉ

LES TRAGIQUES

ÉDITION NOUVELLE

*Publiée d'après le manuscrit conservé parmi les papiers
de l'auteur*

AVEC DES ADDITIONS ET DES NOTES

PAR

CHARLES READ

TOME SECOND

PARIS

LIBRAIRIE DES BIBLIOPHILES

E. FLAMMARION SUCCESSEUR

Rue Racine, 26 (près de l'Odéon)

LES TRAGIQUES

LES FEUX

LIVRE QUATRIÈME

LES FEUX

Voicy marcher de rang par la porte sacrée
L'enseigne d'Israel dans le ciel arborée,
Les vainqueurs de Sion, qui, au prix de leur sang,
Portant l'escharpe blanche, ont pris le caillou blanc.
Ouvre, Hierusalem, tes magnificques portes :
Le Lion de Juda, suivi de ses cohortes,
Veut regner, triompher et planter dedans toy
L'estendart glorieux, l'auriflam de la foy.
Valeureux chevaliers, non de la Table ronde,
Mais qui estes, devant les fondements du monde,
Au roolle des esleus, allez, suivez de rang
Le fidelle, le vray, monté d'un cheval blanc.

Le paradis est prest, les Anges sont vos guides,
Les feux qui vous brusloient vous ont rendus candides.
Tesmoins de l'Eternel, de gloire soiez ceints.
Vestus du crespe noir (la justice des saincts)
De ceux qui à Satan la bataille ont livrée,
Robbe de nopce ou bien casaque de livrée.

Condui mon œuvre, ô Dieu, à ton nom ; donne-moy
Qu'entre tant de martyrs, champions de la foy,
De chaque sexe, estat ou aage, à ton sainct temple
Je puisse consacrer un tableau pour exemple.

Dormant sur tel desseing en mon esprit ravi,
J'eus un songe un matin, parmy lequel je vi
Ma conscience en face, ou au moins son image,
Qui au visage avoit les traicts de mon visage.
Elle me prend la main, en disant : « Mais comment
De tant de dons de Dieu ton foible entendement
Veut-il faire le choix ? Oses-tu bien eslire
Quelques martyrs choisis, leur triomphe descrire,
Et laisser à l'oubly, comme moins valeureux,
Les vainqueurs de la mort, comme eux victorieux ?
J'ay peur que cette bande ainsy par toy choisie
Serve au style du siecle et à sa poësie,
Et que les rudes noms, d'un tel style ennemis,
Aient entre les pareils la difference mis. »

Je responds : « Tu sçais bien que mentir je ne t'ose,
Miroüer de mon esprit ; tu as touché la cause
La premiere du choix, joinct que ma jeune ardeur
A de ce haut dessein espoinçonné mon cœur,

Pour au siecle donner les boutons de ces choses
Et l'envoyer ailleurs en amasser les roses.
Que si Dieu prend à gré ces premices, je veux,
Quand mes fruicts seront meurs, luy payer d'autres vœux,
Me livrer aux travaux de la pesante histoire
Et en prose coucher les hauts faicts de sa gloire.
Alors ces heureux noms, sans eslite et sans choix,
Luiront en mes escrits plus que les noms des Rois. »
Aiant faict cette paix avec ma conscience,
Je m'avance au labeur avec cette asseurance
Que, plus riche et moins beau, j'escris fidellement
D'un style qui ne peut enrichir l'argument.

    Ames dessous l'autel victimes des idolles,
Je preste à vos courroux le fiel de mes parolles,
En attendant le jour que l'ange delivrant
Vous aille les portaux du paradis ouvrant.
    De qui puis-je choisir l'exemple et le courage?
Tous courages de Dieu, j'honoreray vostre aage,
Vieillards de qui le poil a donné lustre au sang,
Et de qui le sang fut decoré du poil blanc :
Hus, Hyerosme de Prague, images bien connües
Des tesmoings que Sodome a trainé par les rües
Couronnez de papier, de gloire couronnez,
Par le siége qui a d'or mitrez et ornez
Ceux qui n'estoient pasteurs qu'en papier et en tiltres,
Et aux evesques d'or, faict de papier les mitres.
Leurs cendres, qu'on jetta au vent, à l'air, en l'eau,
Profiterent bien plus que le puant monceau

Des charognes des grands que, morts, on emprisonne
Dans un marbr' ouvragé : le vent leger nous donne
De ces graines par tout, l'air presqu'en toute part
Les esparpille, et l'eau à ses bords les despart.
   Les Pauvres de Lyon avoient mis leur semence.
Sur les peuples d'Alby ; l'invincible constance
Des Albigeois, frappez de deux cens mille morts,
S'espandit par l'Europe, et en peupla ses bords.
L'Angletterre eut sa part, eut Gerard et sa bande,
Condamnez de mourir à la rigueur plus grande
De l'impiteux hyver, sans que nul cœur esmeu
Luy osast donner pain, eau, ni couvert ni feu :
Ces dix-huit tout nuds, à Londres, par les ruës,
Ravirent des Anglois les esprits et les veües,
Et chantèrent ce vers jusqu'au poinct de mourir :
« Heureux qui pour justice a l'honneur de souffrir. »
   Ainsy la verité, par ces mains desvoilée,
Dans le Septentrion estendit sa volée ;
Dieu ouvrit sa prison et en donna la clef,
La clef de liberté, à ce vieillard Wiclef :
De luy fut l'ouverture aux tesmoings d'Angletterre,
Encor' plus honnorée en martyre qu'en guerre.
   Là, on vid un Bainan qui de ses bras pressoit
Les fagots embrazez, qui mourant embrassoit
Les outils de sa mort, instruments de sa gloire,
Baisant, victorieux, les armes de victoire.
D'un celeste brasier ce chaud brasier esmeu
R'enflamma ces fagots par la bouche de feu.

LES FEUX

Frich après l'imita, quand sa main deliée
Fut au secours du feu ; il prit une poignée
De bois et la baisa, tant luy semblerent beaux
Ces eschallons du ciel comm' ornements nouveaux.
  Puis l'Eglise accoucha comme d'une ventrée
De Thorb, de Bewerlan, de l'invaincu Sautrée ;
Les uns doctes prescheurs, les autres chevaliers,
Tous à droit couronnez de celestes lauriers.
  Bien que trop de hauteur esbranlast ton courage
(Comme les monts plus hauts souffrent le plus d'orage),
Ta fin pourtant me faict en ce lieu te nommer,
Excellent conseiller et grand primat Krammer.
Pour ta condition plus haute et plus aimable,
La vie te fut douce et la mort detestable.
A quoy semblent les cris dont esclattent si fort
Ceux qui, à col retorts, sont traînez à la mort,
Sinon aux plaintes qu'ont les enfans à la bouche
Quand ils quittent le jeu pour aller à la couche?
Les laboureurs lassez trouvent bien à propos
Et plus doux que le jeu le temps de leur repos :
Ainsy ceux qui sont las des langoureuses vies
Sont ravis de plaisir quand elles sont ravies ;
Mais ceux de qui la vie a passé comme un jeu,
Ces cœurs ne sont point cœurs à digerer le feu :
C'est pourquoy de ces grands les noms dedans ce temple
Ne sont pour leur grandeur, mais pour un rare exemple,
Rare exemple de Dieu, quand par le chaz estroict
D'un esguille il enfille un cable qui va droict.

Poursuivons l'Angletterre, où les vertus estranges
La font nommer païs, non d'Angles, mais des Anges :
Tu as icy ton rang, ô invincible Haux,
Qui, pour avoir promis de tenir les bras haults
Dans le milieu du feu, si du feu la puissance
Faisoit place à ton zele et à ta souvenance.
Sa face estoit bruslée, et les cordes des bras
En cendres et charbons estoient cheutes en bas,
Quand Haux, en octroiant aux frères leur requeste,
Des os qui furent bras fit couronne à sa teste.

 O quels cœurs tu engendre ! ô quels cœurs tu nourris !
Isle saincte qui eut pour nourrisson Norris !
On dict que le chrestien qui à gloire chemine
Va le sentier estroict qui est jonché d'espine :
Cettuy-cy, sans figure, a pieds nuds cheminé
De l'huis de sa prison au supplice ordonné :
Sur ces tappis aigus, ainsy jusqu'à sa place
A ceux qui la suivront il a rougi la trace,
Vraie trace du Ciel, beau tappis, beau chemin,
A qui veut emporter la couronne à la fin :
Les pieds deviennent cœur ; l'ame du ciel apprise
Faict mespriser les sens, quand le ciel les mesprise.

 Dieu vid en mesme temps (car le prompt changement
De cent ans, de cent lieux, ne luy est qu'un moment)
Deux rares cruautez, deux constances nouvelles
De deux cœurs plus que d'homme, en sexe de femelles,
Deux cœurs chrestiens Anglois, deux precieux tableaux,
Deux spectacles piteux, mais specieux et beaux.

L'une croupit long-temps en la prison obscure,
Contre les durs tourments elle fut la plus dure :
Elle fit honte au diable et aux noires prisons :
Elle alloit appuiant d'exemple et de raisons
Les esprits deffaillants ; nul inventeur ne treuve
Nul tourment qui ne soit surmonté par Askeuve.
Quand la longueur du temps, la laide obscurité
Des cachots eut en vain sondé sa fermeté,
On presente à ses yeux l'espouvantable gehenne,
Et elle avoit pitié, en souffrant, de la peine
De ces faux justiciers, qui, aiants essaié
Sur son corps delicat leur courroux desploié,
Elle se teust ; et lors furent bien entendües,
Au lieu d'elle, crier les cordes trop tendües,
Achevé tout l'effort de tout leur appareil,
Non pas troublé d'un pleur de lustre de son œil
(Œil qui, fiché au Ciel, au torment qui la tüe
Ne jette un seul regard pour esloigner sa veüe
D'un seul bien qu'elle croit, qu'elle aspire et prétend).
Le juge se despite, et luy-mesme retend
La corde à double nœud, il met à part sa robbe ;
L'inquisiteur le suit ; la passion desrobe
La pitié de leurs yeux ; ils viennent remonter
La gehenne, tourmentez en voulant tourmenter ;
Ils dissipent les os, les tendons et les veines,
Mais ils ne touchent point à l'ame par les gehennes :
La foy demeure ferme, et le secours de Dieu
Mit les tourments à part, le corps en autre lieu ;

Sa plainte seulement encor ne fut ouïe
Hors l'ame, toute force en elle esvanouie,
Le corps fut emporté des prisons comme mort ;
Les membres deffaillants, l'esprit devint plus fort.
Du lict elle instruisit et consola ses freres
Du discours animé de ses douces miseres ;
La vie la reprit, et la prison aussy ;
Elle acheva le tout, car aussy tost voicy,
Pour du faux justicier couronner l'injustice,
De gloire le martyr, on dresse le supplice.
Quatre martyrs trembloient au nom mesme du feu,
Elle leur departit des presents de son Dieu ;
Avec son ame encor elle mena ces ames
Pour du feu de sa foy vaincre les autres flames.
« Où est ton aiguillon ? où est ce grand effort ?
O Mort ! où est ton bras ? (disoit-elle à la mort.)
Où est ton front hideux duquel tu espouventes
Les hures des sangliers, les bestes ravissantes ?
Mais c'est ta gloire, ô Dieu ! Il n'y a rien de fort
Que toy, qui sçais tüer la peine avec la mort.
Voicy les yeux ouverts, voicy son beau visage ;
Frères, ne tremblez pas ; courage, amis, courage ! »
(Elle disoit ainsy) et le feu violent
Ne brusloit pas encor son cœur en la bruslant ;
Il court par ses costez ; enfin, leger, il volle
Porter dedans le Ciel et l'ame et la parolle.

Or l'autre, avec sa foy, garda aussy le rang
D'un esprit tout Royal, comme royal le sang.

Un Royaume l'attend, un autre Roy luy donne
Grace de mespriser la mortelle couronne
En cerchant l'immortell', et luy donna des yeux
Pour trocquer l'Angleterre au royaume des Cieux :
Car elle aima bien mieux regner sur elle-mesme,
Plustot que vaincre tout, surmonter la mort blesme.
Prisonniere çà bas, mais Princesse là haut,
Elle changea son throsne empour un eschaffaut,
Sa chaire de parade en l'infime sellette,
Son carrosse pompeux en l'infame charrette,
Ses perles d'Orient, ses brassarts esmaillez
En cordeaux renoüez et en fers tout rouillez.
Ce beau chef couronné d'opprobres et d'injures,
Et ce corps enlacé de chaines pour ceintures.
Par miracle fit voir que l'amour de la croix
Au sang des plus chetifs mesla celuy des Rois.
Le peuple gemissant portoit part de sa peine,
En voiant demi-mort mourir sa jeune Royne,
Qui, dessus l'eschaffaut, se voiant seulement
Ses gands et son livret pour faire testament,
Elle arrache ses mains et maigres et menües
Des cordes avec peine, et de ses deux mains nües
Fit present de ses gands à la dame d'atour,
Puis donna son livret aux gardes de la tour,
Avec ces mots escrits : « Si l'ame deschargée
Du fardeau de la terre, au ciel demi-changée,
Prononce verité sur le seuil du repos,
Si tu faicts quelque honneur à mes derniers propos,

Et lors que mon esprit pour le monde que il laisse,
Desjà vivant au ciel tout plein de sa richesse,
Doibt monstrer par la mort qu'il aime verité,
Pren ce dernier present, sceau de ma volonté :
C'est ma main qui t'escrit ces dernieres parolles :
Si tu veux suivre Dieu, fuy de loing les idolles ;
Hay ton corps pour l'aimer, apprens à le nourrir
De façon que pour vivre il soit prest de mourir,
Qu'il meure pour celuy qui est remply de vie,
N'aiant pourtant de mort ni crainte ni envie.
Tousjours reigle à sa fin de ton vivre recours,
Chacun de tes jours tende au dernier de tes jours.
De qui veut vivre au ciel l'aise soit la souffrance
Et le jour de la mort celuy de la naissance.
 « Ces doigts victorieux ne graverent cecy
En cire seulement, mais en l'esprit aussy :
Et faut que son geolier, captif de la captive,
Bien tost à mesme cause et mesme fin la suive. »
 Achevant ces presents, l'executeur vilain,
Pour la joindre au posteau voulut prendre sa main :
Elle eut horreur de rompre encor la modestie
Qui jusqu'au beau mourir orna sa belle vie :
Elle apprehenda moins la mort et le couteau
Que le salle toucher d'un infame bourreau :
Elle appelle au secours ses pasles damoyselles
Pour descouvrir son col ; ces fillettes nouvelles
Au funeste mestier, ces piteux instruments
Sentirent jusqu'au vif leur part de ses tourments.

Cæsar, voiant, sentant sa poictrine blessée,
Et non sa gravité par le fer abbaissée,
Le sein et non l'esprit par les coups enferré,
Le sang plustot du corps que le sens retiré,
Par honneur, abbria de sa robbe percée
Et son cœur offensé et sa grace offensée.
Et ce cœur d'un Cæsar, sur le sueil inhumain
De la mort, choisissoit non la mort, mais la main.
Les mains qui la paroient la parerent encore :
Sa grace et son honneur, quand la mort la devore,
N'abandonne son front, elle prend le bandeau :
Par la main on la meine embrasser le poteau :
Elle demeure seule en agneau despouillée :
La lame du bourreau de son sang fut mouillée :
L'ame s'envolle en haut : les Anges gratieux
Dans le sein d'Abraham la ravirent aux cieux.

 Le ferme doigt de Dieu tient celuy de Bilnée,
Qui à sa penultiesme et craintive journée
Voulut prouver au soir s'il estoit assez fort
Pour endurer le feu instrument de la mort :
Le geolier, sur le soir, en visitant le treuve
Faisant de la chandelle et du doigt son espreuve
Ce feu lent et petit d'indicible douleur
A la premiere fois luy affoiblit le cœur :
Mais après il souffrit brusler à la chandelle
La peau, la chair, les nerfs, les os et la moëlle.

 Le vaillant Gardiner me contraint cette fois
D'animer mon discours de ce courage Anglois :

Tout son sang escuma, luy reprochant son ayse
En souffrant adorer l'idolle Portugaise.
Au magnificque apprest des nopces d'un grand Roy,
La loy de Dieu luy fit mettre au pied toute loy,
Toute crainte et respect, les tourments et sa vie,
Et puis il mit aux pieds et l'idolle et l'hostie
Du cardinal sacrant : là, entre mille fers,
Il desdaigna le front des portes des enfers :
Il vainquit en souffrant les peines les plus dures :
Les serfs des questions il lassa de tortures :
Contre sa fermeté reboucha le tourment,
Le fer contre son cœur de ferme diamant :
Il avalla trois fois la serviette sanglante :
Les yeux qui le voioient souffroient peine évidente .
Il beut plus qu'en humain les inhumanitez,
Et les supplices lents finement inventez :
On le traine au supplice, on couppe sa main dextre,
Il la porte en la bouche avecque sa senestre,
La baise : l'autre poing luy est couppé soudain ;
Il met la bouche à bas, et baise l'autre main :
Alors il est guindé d'une haute poulie
De cent nœuds à cent fois son ame se deslie :
On brusle ses deux pieds tant qu'il eut le sentir ;
On cerche sans trouver en lieu le repentir.
La mort à petit feu luy oste son escoce,
Et luy à petit feu oste à la mort la force.

 Passeray-je la mer de tant de longs propos,
Pour enrooller icy ceux-là qui, en repos,

Sont morts sur les tourments de gehennes desbrizantes
Par la faim sans pitié, par les prisons puantes ?
Les tenailles en feu, les enflambez couteaux,
Les pleurs d'un jeune Roy, trois Agnez, trois agneaux :
Ailleurs nous cueillirons ces fleurons d'Angleterre,
Lions qui ont faict voir au peuple de la terre
Des Anges en vertus : mais ces vainqueurs Anglois
Me donneront congé de detourner ma voix
Aux barbares esprits d'une terre deserte.
 Dieu poursuivit Satan et luy fit guerre ouverte
Jusques en l'Amerique, où ces peuples nouveaux
Ont esté spectateurs des fruicts de nos bourreaux.
Leurs flots ont sceu noyer, ont servi de supplices,
Et leurs rochers hautains presté leurs precipices.
Ces agneaux, eslongnez en ce sauvage lieu,
N'estoient pas esgarez, mais dans le sein de Dieu,
Lors qu'eslevez si haut leurs languissantes veües
Vers leur païs natal furent de loing tendües.
Leurs desseins impuissants, pour n'estre assez legers,
Eurent secours des vents. Ces aislez messagers
En apporterent l'air aux rives de la France.
La mer ne devora le fruit de leur constance.
Ce n'est en vain que Dieu desploia ses thresors
Des bestes du Brésil aux solitaires bords,
Affin qu'il n'y ait cœur ni ame si sauvage
Dont l'oreille il n'ait peu frapper de son langage.
 Mais l'œil du Tout-Puissant fut enfin r'amené
Aux spectacles d'Europe : il la vit, retourné,

A soy-mesme estrangere, à ses bourgeois affreuse,
De ses meurtres rouillée et des braziers fumeuse.
Son premier object fut un laboureur caché
Treize mois par moitié en un cachot panché,
Duquel la voute estroitte avoit si peu de place
Qu'entre ses deux genoux elle ploioit la face
Du pauvre condamné. Ce naturel trop fort
Attendit treize mois la trop tardive mort.

 Venot, quatre ans lié, fut enfin six sepmaines
En deux vaisseaux poinctus, continuelles gehennes ;
Ses deux pieds contremont avoient ploié leurs os ;
En si rude posture il trouva du repos.
On vouloit desrober au public et aux veües
Une si claire mort ; mais Dieu trouva les grües
Et les tesmoings d'Irus. Il demandoit à Dieu
Qu'au bout de tant de maux il peust au beau millieu
Des peuples l'anoncer en monstrant ses merveilles
Aux regards aveuglez et aux sourdes oreilles :
Non que son cœur vogast aux flots de vanité,
Mais, bruslant, il falloit luire à la verité.
L'homme est un cher flambeau : tel flambeau ne s'allume
Affin que sous le muys sa lueur se consume.
Le ciel du triomphant fut le daiz, le soleil
Y presta volontiers les faveurs de son œil.
Dieu l'ouït, l'exauça, et sa peine cachée
N'eut peu jamais trouver heure mieux recerchée :
Il fut la belle entrée et spectacle d'un Roy
Aiant Paris entier spectateur de sa foy.

Dieu des plus simples cœurs estoffa ses louanges,
Faisant revivre au Ciel ce qui vivoit aux fanges ;
Il mit des cœurs de rois aux seins des artisans,
Et aux cerveaux des rois des esprits de paisans ;
Il se choisit un roy d'entre les brebiettes ;
Il frappe un Pharaon par les mousches infectes ;
Il esveilla celui dont les discours si beaux
Donnerent cœur aux cœurs de quatorze de Meaux,
Qui (en voiant passer la charrette enchainée
En qui la saincte trouppe à la mort fut menée)
Quitta là son mestier, vint les voir, s'enquerir,
Puis, instruit de leur droit, les voulut secourir,
Se fit leur compagnon, et en fin il se jette,
Pour mourir avec eux, luy mesme en la charette.

 C'est Dieu qui point ne laisse au millieu des tourments
Ceux qui souffrent pour luy. Les cieux, les elements,
Sont serfs de cettuy-là qui a ouy le langage
Du paumier d'Avignon, lié dans une cage
Suspendue au plus haut de la plus haute tour.
La plus vive chaleur du plus chaud et grand jour,
Et la nuit de l'hyver la plus froide et cuisante,
Luy furent du printemps une haleine plaisante.
L'appuy le plus douillet de ses rudes carreaux
Estoit le fer trenchant des endurcis barreaux.
Mais quand c'est pour son Dieu que le fidelle endure,
Lors le fer s'amollit ou sa peau vient plus dure.
Sur ce corps nud la bize attiedist ses glaçons,
Sur la peau le soleil rafraichit ses rayons,

Tesmoin deux ans six mois qu'en chaire si hautaine
Ce prescheur effraia ses juges de sa peine.
De vers continuels, joyeux, s'il prioit Dieu ;
S'il s'amassoit quelqu'un pour le voir en ce lieu,
Sa voix forte preschoit, le franc et clair ramage
Des pures veritez sortoit de cette cage ;
Mais sur tout on oyoit ses exhortations
Quand l'idolle passoit, en ses processions,
Sous les pieds de son throsne, et le peuple prophane
Trembloit à cette voix plus qu'à la tramontane :
Les hommes cauteleux vouloient laisser le tort
De l'inicque sentence et de l'injuste mort
Au ciel, aux vents, aux eaux, que de l'air les injures
Servissent de bourreaux ; mais du ciel les mains pures
Se ploierent au sein, et les trompeurs humains
Parfirent le procez par leurs impures mains :
Au bout de trente mois, estouffant cette vie
Qu'ils voioient par les cieux trop longuement cherie :
Mains que contre le ciel arment les mutinez
Quand la faveur du ciel couvre les condamnez :
Non pas que Dieu ne puisse accomplir son ouvrage,
Mais c'est pour reprocher à ces mutins leur rage.
 Les Lyonnois aussy resisterent à Dieu,
Lors que deux freres saincts se virent au millieu
Des feux estincellans, où le ciel et la terre,
Par contraires desseins, se livrèrent la guerre.
Un grand feu fut pour eux aux Terreaux preparé ;
Chacun donna du bois, dont l'amas asserré

Sembloit debvoir pousser la flamme et la fumée
Pour rendre des hauts cieux la grand' voute allumée.
Ce qui fit monstrueux ce monceau de fagots,
C'est que ces jacobins, envenimez cagots,
Crioient, vrais escoliers du meurtrier Dominique :
Bruslons mesme le Ciel, s'il faict de l'hereticque !
Ces deux freres prioient quand, pour rompre leur voix,
Le peuple forcenant porta le feu au bois.
Le feu leger s'envolle, et bruiant se courrouce
Quand contre luy un vent s'esleve et le repousse.
Mettant ce mont de feu et sa rage à l'escart,
Les freres, achevant leurs prieres à part,
Demeurent sans ardeur. La priere finie,
Le vulgaire animé entreprend sur leur vie,
Perce de mille coups des fidelles les corps,
Les couvre de fagots. Ceux qu'on tenoit pour morts,
Quand le feu eut bruslé leurs cables, se leverent,
Et leurs poumons bruslans, pleins de feu, s'escrierent
Par plusieurs fois : *Christ ! Christ !* et ce mot, bien sonné
Dans les costez sans chair, fit le peuple estonné.
Contre ces faicts de Dieu dont les spectateurs vivent
Estonnez, non changez, leur fureur ils poursuivent.

   Autres cinq de Lyon, liez de mesmes nœuds,
Ne furent point dissouts par les fers et les feux :
Au fort de leur tourment, ils sentirent de l'aise,
Franchise en leurs liens, du repos en la braize.
L'amitié dans le feu vous sceut bien embrazer,
Vous baisastes la mort tous cinq d'un sainct baiser,

Vous baisastes la mort. Cette mort gratieuse
Fut de vostre union ardemment amoureuse.

   C'estoient (ce diroit-on) des hommes endurcis,
Accablez de labeurs et de poignans soucis :
Mais cerchons d'autres cœurs nez et nourris plus tendres,
Voiez si Dieu les peut endurcir jusqu'aux cendres ;
Que rien ne soit exempt en ce terrestre lieu
De la force, du doigt et merveilles de Dieu.

   Heureuse Graveron, qui ne sçeut ton courage ?
Qui ne cogneut ton cœur non plus que ton voiage ?
L'hommage fut à Dieu qu'en vain tu apprestois
A un vain cardinal ; ce fut au roy des rois,
Qui en ta foy mi-morte, en ame si craintive
Trouva si brave cœur et une foy si vive.

   Dieu ne donne sa force à ceux qui sont plus forts :
Le present de la vie est pour les demi-morts,
Il depart les plaisirs aux vaincus de tristesse.
L'honneur aux plus honteux, aux pauvres la richesse :
Cette-cy, en lisant avec frequents souspirs
L'incroyable constance et l'effort des martyrs,
Doubtoit la verité en mesurant la crainte :
L'Esprit la visita, la crainte fut esteincte.
Prise, elle abandonna dès l'huis de sa prison
Pour les raisons du ciel la mondaine raison.
Sa sœur la trouve en pleurs finissant sa priere,
Elle, en se relevant, dict en telle maniere :
« Ma sœur, voy-tu ces pleurs? voy-tu ces pleurs, ma sœur?
Ces pleurs sont toute l'eau qui me restoit au cœur :

LES FEUX

Ce cœur aiant jeté son humide foiblesse,
Tout feu, saute de joye et volle d'allegresse. »
La brave se para au dernier de ses jours,
Disant : « Je veux jouir de mes sainctes amours :
Ces joyaux sont bien peu, l'ame a bien d'autre gage
De l'espoux qui luy donne un si haut mariage. »
  Son visage luisit de nouvelle beauté
Quand l'arrest luy fut leu, le bourreau presenté,
Deux qui l'accompagnoient furent pressez de tendre
Leurs langues au couteau ; ils les vouloient deffendre
Aux termes de l'arrest : elle les mit d'accord,
Disant : « Le tout de nous est sacré à la mort :
N'est-ce pas bien raison que les heureuses langues
Qui parlent avec Dieu, qui portent les harangues
Au sein de l'Éternel, ces organes que Dieu
Tient pour les instruments de sa gloire en ce lieu,
Qu'elles, quand tout le corps à Dieu se sacrifie,
Sautent dessus l'autel pour la première hostie ?
Nos regards parleront, nos langues sont bien peu
Pour l'esprit qui s'explicque en des langues de feu. »
Les trois donnent leur langue et la voix on leur bousche :
Les parolles de feu sortirent de leur bouche ;
Chaque goutte de sang que le vent fit voller
Porta le nom de Dieu et au cœur vint parler,
Leurs regards violents engraverent leurs zelles
Aux cœurs des assistans, hors-mis les infidelles.
  Le feu tant mesprisé par ces cœurs indomptez
Fit à ces leopards changer de cruautez,

Et pour tout esprouver, les inventeurs infames
Par un exquis supplice enterrerent les femmes,
Qui, vives, sans paslir, et d'un cœur tout nouveau,
D'un œil non effraié, regardoient leur tombeau,
Prenoient à gré la mort dont cette gent faussaire
Diffamoit l'estomach de la terre, leur mère.
Le feu avoit servi tant de fois à brusler,
Ils avoient faict mourir par la perte de l'air,
Ils avoient changé l'eau à donner mort par elle :
Il falloit que la terre aussy fust leur bourelle.
Parmy les roolles saincts dont les noms glorieux,
Reproches de la terre, ont esjouy les Cieux,
Je veux tirer à part la constante Marie
Qui (voyant en mespris le tombeau de sa vie
Et la terre et le coffre et les barres de fer
Où elle alloit le corps et non l'ame estouffer)
« C'est (ce dit-elle) ainsy que le beau grain d'eslite
Et s'enterre et se seme affin qu'il resuscite.
Si la moitié de moy pourrit devant mes yeux,
Je diray que cela va le premier aux Cieux :
La belle impatience et le desir du reste,
C'est de haster l'effect de la terre céleste.
Terre, tu es legere et plus douce que miel :
Saincte terre, tu es le droict chemin du Ciel. »
Ainsi la noire mort donna la saincte vie,
Et le ciel fut conquis par la terre à Marie.

Entre ceux dont l'esprit peut estre traversé
De l'espoir du futur, du loyer du passé,

Du-Bourg aura ce rang ; son cœur, pareil à l'aage,
A sa condition l'honneur de son courage,
Son esprit indompté au Seigneur des seigneurs
Sacrifia son corps, sa vie et ses honneurs.
Des promesses de Dieu il vainquist les promesses,
Des rois, et, sage à Dieu, des hommes les sagesses.
En allant à la mort, tout plein d'authorité,
Il prononça ces mots : « O Dieu de verité,
Monstre à ces juges faux leur stupide ignorance,
Et je prononceray, condamné, leur sentence.
Vous n'estes, compagnons, plus juges, mais bourreaux,
Car, en nous ordonnant tant de tourments nouveaux,
Vous prestez vostre voix : vostre voix inhumaine
Souffre peine en donnant la sentence de peine :
Comme à l'executeur le cœur s'oppose en vain
Au coup forcé qui sort de l'execrable main.
Sur le siège du droict vos faces sont transies
Quand, demi-vifs, il faut que vous ostiez les vies
Qui seules vivent bien ; je prends tesmoings vos cœurs
Qui de la conscience ont ressenti les pleurs :
Mais ce pleur vous tourmente et vous est inutile,
Et ce pleur n'est qu'un pleur d'un traistre crocodile.
La crainte vous domine, ô juges criminels !
Criminels estes-vous, puis que vous estes tels :
Vous dictes que la loy du Prince publiée
Vous a lié les mains ; l'ame n'est pas liée :
Le front du juge droict, son severe sourcy,
Deust-il souffrir ces mots : *Le Roi le veut ainsy*.

Ainsy as-tu, Tyran, par ta fin miserable
En moy fini le coup d'un regne lamentable. »
Dieu l'avoit abbatu, et cette heureuse mort
Fut du persecuteur tout le dernier effort :
Il avoit faict mentir la superbe parolle,
Et faict voller en vain le jugement frivolle
De ce roy qui avoit juré que de ses yeux
Il verroit de Du-Bourg et la mort et les feux :
Mais il faut advoüer que, près de la bataille,
Ce cœur tremblant revint à la voix d'une Caille :
Pauvre femme, mais riche, et si riche que lors
Un plus riche trouva l'ausmone en ses thresors.

   O combien d'efficace est la voix qui console,
Quand le conseiller joint l'exemple à sa parolle,
Comme fit celle-là qui, pour ainsy prescher,
Fit en ces mesmes jours sa chaire d'un buscher !

   Du-Bourg, prés de la mort, sans qu'un visage blesme
L'habillast en vaincu, se devestit soy-mesme
La robbe, en s'escriant : « Cessez vos bruslements,
Cessez, ô senateurs ! Tirez de mes tourments
Ce proffit, le dernier, de changer de courage
En repentence à Dieu. » Puis, tournant son visage
Au peuple, il dit : « Amis, meurtrier je ne suis point : »
C'est pour Dieu l'immortel que je meurs en ce poinct.
Puis, comme on l'eslevoit, attendant que son ame
Laissast son cœur heureux au licol, à la flamme :
« Mon Dieu, vray juge et pere, au millieu du trespas
Je ne t'ay point laissé, ne m'abandonne pas :

Tout-Puissant, de ta force assiste ma foiblesse,
Ne me laisse, Seigneur, de peur que je te laisse. »
   O François, ô Flamans (car je ne fais de vous
Qu'un peuple, qu'un humeur, peuple benin et doux),
De vos braves tesmoings nos histoires sont pleines.
Anvers, Cambray, Tournay, Mons et Valenciennes,
Pourroy-je desploier vos morts, vos bruslements,
Vos tenailles en feu, vos vifs enterrements !
Je ne fay qu'un indice à un plus gros ouvrage
Auquel vous ne pourrez qu'admirer davantage,
Comment ce peuple tendre a trouvé de tels cœurs,
Si fermes en constance ou si durs en rigueurs.
   Mais Dieu voulut encor à sa gloire immortelle
Prescher dans l'Italie et en Rome infidelle,
Donner à ces felons les cœurs de ses agneaux
Pour mourir par leurs mains, prophètes de leurs maux.
Vous avez veu du cœur. Voulez-vous de l'addresse,
Et voir le fin Satan vaincu par la finesse ?
   L'Antechrist, descouvrant que peu avoit servi
Les vies que sa main au jour avoit ravi,
Voiant qu'aux lieux publics de Dieu les tesmoignages,
Au lieu de donner peur, redoubloient leurs courages,
Resolut de cacher ses meurtres désormais
De la secrette nuict soubs les voiles espais.
Le geolier qui alors detenoit Montalchine,
Voiant que contre luy l'injustice machine
Une secrette mort, l'en voulut advertir.
Ce vieil soldat de Christ feignit un repentir,

Faict ses juges venir, et après la sentence
Leurs promet d'anoncer l'entiere repentance
De ses fausses erreurs, et que publicquement
Il se desisteroit de ce que faussement
Il avoit enseigné. On asseura sa vie,
Et sa promesse fut de promesses suivie.
Or, pour tirer de luy un plus notable fruict,
On publia partout sur les ailes du bruit
L'heure et le lieu choisi : chacun vient pour s'instruire,
Et Montalchine fut conduit pour se desdire
Sur l'eschaffaut dressé : là du peuple il fut veu
En chemise, tenant deux grands torches de feu,
Puis, aiant obtenu l'oreille et le silence
Du grand peuple amassé, en ce point il commence :
 « Mes frères en amour et en soing mes enfants,
Vous m'avez escouté des-jà par divers ans,
Preschant et enseignant une ardente doctrine,
Qui a troublé vos sens; vous voiez Montalchine,
Lequel, homme et pecheur subject à vanité,
Ne peut avoir tousjours prononcé verité :
Vous orrez sans murmure à la fin la sentence
De deux opinions et de leur difference.
 « Trois mots feront partout le vray deportement
Des contraires raisons, *seul, seulle* et *seulement.*
J'ai presché que Jesus nous est *seul* pour hostie,
Seul sacrificateur, qui *seul* se sacrifie :
Les docteurs autrement disent que le vray corps
Est sans pain immolé pour les vifs et les morts,

Que nous avons besoing que le prestre sans cesse
Resacrifie encor Jesus-Christ en la messe.
J'ay dit que nous prenons, prenants le sacrement,
Cette manne du ciel pour la foy *seulement*;
Les docteurs que le corps en chair, et en sang entre,
Ayant souffert les dents, aux offices du ventre.
J'ay dit, que Jesus *seul* est nostre intercesseur,
Qu'à son père l'accez par luy *seul*, nous est seur :
Les docteurs disent plus, et veulent que l'on prie
Les saincts mediateurs, et la Vierge Marie.
J'ay dit qu'en la foy *seule* on est justifié,
Et qu'en la *seule* grace est le salut fié :
Les docteurs autrement, et veulent que l'on fasse
Les œuvres pour aider et la foy et la grace.
J'ay dit que Jesus *seul* peut la grace donner,
Qu'autre que luy ne peut remettre et pardonner :
Eux, que le pape tient soubs ses clefs et puissances
Touts thresors de l'Église et toutes indulgences.
J'ay dit que l'Ancien et Nouveau Testament
Sont la *seule* doctrine et le *seul* fondement :
Les docteurs veullent plus que ces reigles certaines,
Et veullent adjouster les doctrines humaines.
J'ay dit que l'autre siècle a deux lieux *seulement*,
L'un, le lieu des heureux ; l'autre, lieu de tourment :
Les docteurs trouvent plus, et jugent qu'il faut croire
Le limbe des enfants, des grands le purgatoire.
J'ay presché que le pape en terre n'est point *Dieu*
Et qu'il est *seulement* evesque d'un *seul* lieu :

Les docteurs, luy donnant du monde la maitrise,
Le font visible chef de la visible Eglise.
Le tyran des esprits veut nos langues changer
Nous forçant de prier en langage estranger :
L'esprit distributeur des langues nous appelle
A prier *seulement* en langue naturelle.
C'est cacher la chandelle en secret soubs un muy :
Qui ne s'explicque pas est barbare à autruy.
Mais nous voions bien pis en l'ignorance extreme
Que qui ne s'entend pas est barbare à soy-mesme.
 « O chrestiens ! choisissez : vous voiez d'un costé
Le mensonge puissant, d'autre la verité :
D'une des parts l'honneur, la vie et recompense ;
De l'autre, ma premiere et derniere sentence :
Soiez libres ou serfs soubs les dernieres loix
Où du vray ou du faux, pour moy, j'ay faict le choix.
Vien, Evangille vray, va-t'en, fausse doctrine.
Vive Christ, vive Christ ! et meure Montalchine ! »
Les peuples, tous esmeus, commençoient à troubler :
Il jette gayement ses deux torches en l'air,
Demande les liens, et cette ame ordonnée
Pour l'estouffer de nuict, triomphe la journée.
 Tels furent de ce siecle, en Syon, les agneaux
Armez de la priere, et non point des couteaux :
Voicy un autre temps, quand des pleurs et des larmes
Israel irrité courut aux justes armes.
On vint des feux aux fers ; lors il s'en trouva peu
Qui, des lions agneaux, vinssent du fer au feu :

LES FEUX

En voicy qui la peau du fier lion poserent,
Et celle des brebis encores espouserent.
   Vous, Gastine et Croquet, sortez de vos tombeaux ;
Icy je planteray vos chefs luisants et beaux :
Au milieu de vous deux je logeray l'enfance
De vostre commun fils, beau mirouer de constance.
Il se fit grand docteur en six mois de prisons,
Dans l'obscure prison, par les claires raisons
Il vainquit l'obstiné, redressa le debile ;
Asseuré de sa mort, il prescha l'Evangile.
L'escolle de lumiere en cette obscurité,
Donnoit aux enferrez l'entiere liberté.
Son ame, de l'enfer au paradis ravie,
Aux ombres de la mort eut la voix et la vie.
A Dieu il consacra sa premiere fureur,
Il fut vif et joyeux ; mais la jeune verdeur
De son enfance tendre et l'aage coustumiere
Aux folles gayetez n'eut sa vigueur premiere
Qu'à consoler les bons, et s'ejouir en Dieu.
Cette estoille si claire estoit au beau millieu
Des compagnons captifs, quand du seuil d'une porte
Il se haussa les pieds pour dire en cette sorte :
   « Amis, voicy le lieu d'où sortirent jadis
De l'enfer des cachots dans le haut paradis
Tant de braves tesmoings, dont la mort fut la vie,
Les tourments les plaisirs, gloire l'ignominie.
Icy on leur donnoit nouvelle du trespas :
Marchons sur leurs desseins, ainsy que sur leurs pas.

Nos pechez ont chassé tant de braves courages,
On ne veut plus mourir pour les saincts tesmoignages :
De nous s'enfuit la honte et s'approche la peur :
Nous nous vantons de cœur et perdons le vray cœur.
Degenerés enfants, à qui la fausse crainte
Dans le foyer du sein glace la braize esteinte,
Vous perdez le vray bien pour garder le faux bien.
Vous craignez un exil qui est rien, moins que rien :
Et, pensans conserver ce que Dieu seul conserve,
Aux serfs d'iniquité vendez vostre ame serfve :
Ou vous, qui balancez dans le choisir doubteux
De l'un ou l'autre bien, connoissez bien les deux.
Vous perdez la richesse et vaine et temporelle :
Choisissez : car il faut perdre le ciel ou elle :
Vous serez appauvris en voulant servir Dieu,
N'estes-vous point venus pauvres en ce bas lieu ?
Vous aurez des douleurs, vos douleurs et vos doubtes
Vous lairront sans douleur ou vous les vaincrez toutes.
Car de cette tourmente il n'y a plus de port
Que les bras estendus du havre de la mort.
Cette mort, des paiens bravement desprisée,
Quoy qu'elle fut d'horreur fierement desguisée,
N'espouvantoit le front, mais ils disoient ainsy :
Si elle ne faict mieux, elle oste le soucy,
Elle esteint nos tourments si mieux ne peut nous faire,
Et n'y a rien si doux pour estre necessaire.
L'ame cerche tousjours de ses prisons les huis
D'où, pour petits qu'ils soient, on trouve les pertuis.

Combien de peu de peine est grand ayse ensuivie,
A moins de mal on sort que l'on n'entre en la vie :
La coustume rend douce une captivité :
Nous trouvons le chemin bref à la liberté :
L'amere mort rendra toute amertume esteinte :
Pour une heure de mort avoir vingt ans de crainte !
Tous les pas que tu fais pour entrer en ce port
Ce sont autant de pas au chemin de la mort.
Mais tu crains les tourments qui, à ta derniere heure,
Te font mourir de peur avant que tu te meure ?
S'ils sont doux à porter, la peine n'est qu'un jeu,
Ou s'ils sont violents ils dureront fort peu.
Ce corps est un logis par nous pris à loüage,
Que nous debvons meubler d'un fort leger mesnage,
Sans y cloüer nos biens ; car après le trespas
Ce qui est attaché nous ne l'emportons pas.
 Toy donc, disoit Senecque, avec tes larmes feintes
Qui vas importunant le grand Dieu de tes plaintes,
Pour toy tes maux sont maux, qui sans toy ne sont tels.
Pourquoy te fasches-tu ? Car entre les autels
Où tu ouvres de cris ta poictrine entamée,
Où tu gastes le bois, l'encens et la fumée,
Venge-toy de tes maux, et au lieu des odeurs
Fais y fumer ton ame avec tous tes malheurs.
Par là ces braves cœurs devindrent autochires :
Les causes seulement manquoient à leurs martyres.
Cet ignorant troupeau estoit precipité
De la crainte de craindre en l'autre extremité.

Sans sçavoir quelle vie iroit après leurs vies,
Ils mouroient doucement pour leurs douces patries,
Par là Caton d'Utique et tant d'autres Romains
S'occirent (mais malheur), car c'estoit par leurs mains.
Quels signalez tesmoings du mespris de la vie !
De Lucresse le fer, les charbons de Porcie.
Le poison de Socrate estoit pure douceur.
Quel vin qui ait cerché la plus fraide liqueur
Des glaçons enterrez, et quelle autre viande
De cent desguisements se fit onc si friande ?

 Mais vous, qui d'autres yeux que n'avoient les païens
Voiez les cieux ouverts, les vrais maux, les vrais biens,
Quels vains noms de l'honneur, de liberté, de vie
Ou d'aise vous ont peu troubler la fantaisie ?
Serfs de Satan le serf, estes-vous en honneur ?
Aurez-vous liberté enchainans vostre cœur ?
Deslivrez-vous vos fils, vos filles et vos femmes,
Se livrant à la gehenne, aux enfers et aux flammes ?
Si la prosperité dont le meschant jouit
Vous trompe et vous esmeut, vostre sein s'esblouit,
Comme l'œil d'un enfant qui, en la tragedie,
Voit un coquin pour roy : cet enfant porte envie
Aux habitz empruntez que, de peur de souiller,
Mesme à la catastrophe il faudra despouiller.
Ce meschant de qui l'heur à ton dueil tu compare
N'est pas en liberté, c'est qu'il court et s'esgare :
Car si tost qu'il pecha en ce temps, en ce lieu,
Pour jamais il fut clos en la prison de Dieu :

Cette prison le suit quoy qu'il court à la chasse,
Quoy que mille païs comme un Caïn il trasse,
Qu'il fende au gré du vent les fleuves et les mers,
Sa conscience n'est sans cordes et sans fers :
Il ne faut esgaller à l'éternelle peine
Et aux souspirs sans fin un poinct de courte haleine.
Vous regardez la terre et vous laissez le ciel !
Vous succez le poizon et vous crachez le miel !
Vostre corps est entier et l'ame est entamée !
Vous sautez dans le feu, esquivans la fumée !
Haïssez les meschants, l'exil vous sera doux :
Vous estes bannis d'eux, bannissez-les de vous :
Joyeux que de l'idolle encor ils vous bannissent,
Des sourcils des tyrans qu'en menace ils herissent,
De leurs pièges, aguets, ruzes et trahisons
De leur devoir la vie ; et puis de leurs prisons,
Vous estes enferrez, ce qui plus vous consolle,
L'ame, le plus de vous, où elle veut s'envolle.
S'ils vous ostent vos yeux, vos esprits verront Dieu :
Vostre langue s'en va, le cœur parle en son lieu :
L'œil meure sans avoir eu peur de la mort blesme,
La langue soit couppée avant qu'elle blaspheme.
Or, si d'exquises morts les rares cruautez,
Si tourments sur tourments à vos yeux presentez
Vous troublent, c'est tout un. Quel front, quel esquipage
Rend à la laide mort encor plus laid visage ?
Qui mesprise la mort, que luy fera de tort
Le regard assuré des outils de la mort ?

Les Tragiques. — T. II.

L'ame, des yeux du ciel, voit au ciel l'invisible,
Le mal horrible au corps ne luy est pas horrible ;
Les ongles de la mort n'apporteront que jeu
A qui se souviendra de ce qu'elle oste peu :
Un caterre nous peut ravir chose pareille ;
Nous en perdons autant d'une douleur d'oreille ;
Vostre humeur corrompüe, un petit vent mauvais,
Une veine piquée, ont de pareils effects.
Et ce fascheux apprest pour qui le poil nous dresse,
C'est ce qu'à pas contez traine à soy la vieillesse :
L'assassin condamné à souffrir seulement
Sur chaque membre un coup, pour souffrir longuement,
Demande le cinquiesme à l'estomach, et pense
Par ce coup plus mortel addoucir la sentence.
La mort à petit feu est bien autre douleur
Qu'un prompt embrazement ; et c'est une faveur
Quand pour faire bien tost l'ame du corps dissoudre
On met sous le menton du patient la poudre :
Les severes prevosts, choisissans les tourments,
Tiennent les courts plus doux, et plus durs les plus lents,
Et quand la mort à nous d'un brave coup se joüe,
Nous desirons languir long-temps sur nostre roüe.
Le sang de l'homme est peu, son mespris est beaucoup :
Qui le mesprisera pourra voir tout à coup
Les canons, la fumée et les fronts des batailles :
Où mieux les fers, les feux, les couteaux, les tenailles,
La roüe et les cordeaux ; cettuy-là pourra voir
Le precipice bas dans lequel il doit cheoir,

Mespriser la montagne, et de libre secousse,
En regardant en haut, sauter quand on le pousse.
　Nos freres bien instruicts ont l'appel refuzé,
Et Le Brun, Dauphinois, doctement advisé,
Quand il eut sa sentence avec plaisir ouie,
Respondit qu'on l'avoit condamné à la vie.
　« Tien ton ame en tes mains : tout ce que les tyrans
Prennent n'est point la chose, ains seulement le temps :
Que le nom de la mort autrement effroyable,
Bien conneu, bien pesé, nous devienne aggreable.
Heureux qui la connoist ! Or il faut qu'en ce lieu,
Plein de contentement, je donne gloire à Dieu.
　« O Dieu ! quand tu voudras cette charongne prendre,
Par le fer à morceau ou par le feu en cendre,
Dispose, ô Eternel ; il n'y a nul tombeau
Qui à l'œil et au cœur ne soit beau s'il t'est beau. »
　Il faisoit ces leçons, quand le geolier l'appelle
Pour recevoir sentence en la noire chappelle :
L'œil de tous fut troublé, le sien en fut plus beau ;
Ses yeux devindrent feu, ceux des autres de l'eau ;
Lors, serenant son front, et le teinct de sa face,
Il rit à ses amis, pour adieu les embrasse,
Et à peu de loisir, redoubloit ce propos :
　« Amis, vous me voiez sur le seuil du repos :
Ne pleurez pas mon heur : car la mort inhumaine,
A qui vaincre le sçait ne tient plus rang de peine :
La douleur n'est le mal, mais la cause pourquoy.
Or je voy qu'il est temps d'aller prouver par moy

Le propos de ma bouche. Il est temps que je treuve
En ce corps bien-heureux la praticque et l'espreuve. »
Il vouloit dire plus ; l'huissier le pressa tant
Qu'il courut tout dispos vers la mort en sautant.
  Mais dès le seuil de l'huis le pauvre enfant advise
L'honorable regard et la vieillesse grise
De son pere et son oncle à un posteau liez.
Alors premierement les sens furent ploiez :
L'œil si gay laisse en bas tomber sa triste veüe,
L'ame tendre s'esmeut, encore non esmeüe :
Le sang sentit le sang, le cœur fut transporté,
Quand le pere, rempli de mesme gravité
Qu'il eut en un conseil, d'une voix grosse et grave
Fit à son filz pleurant cette harangue brave :
  « C'est donc en pleurs amers que j'yray au tombeau,
Mon filz, mon cher espoir, mais plus cruel bourreau
De ton pere affligé : car la mort pasle et blesme
Ne brise point mon cœur, comme tu fais toy-mesme :
Regretteray-je donc le soing de te nourrir ?
N'as-tu peu bien vivant apprendre à bien mourir ? »
  L'enfant rompt ces propos : « Seulement mes entrailles
Vous ont senti, dit-il, et les rudes batailles
De la prochaine mort n'ont point espouvanté
L'esprit instruit de vous, le cœur par vous planté.
Mon amour est esmeu, l'ame n'est pas esmeüe ;
Le sang, non pas le sens, se trouble à vostre veüe :
Vostre blanche vieillesse a tiré de mes yeux
De l'eau, mais mon esprit est un fourneau de feux :

Feux pour brusler les feux que l'homme nous appreste,
Que puissé-je trois fois pour l'un' et l'autre teste
De vous et de mon oncle, et plus jeune et plus fort,
Aller faire mourir la mort avec ma mort ! »
 — « Donc, dit l'autre vieillard, o que ta force est molle,
O Mort, à ceux que Dieu entre tes bras consolle !
Mon nepveu, ne plain pas tes peres perissans :
Ils ne perissent pas. Ces cheveux blanchissans,
Ces vieilles mains ainsy en malfaicteurs liées
Sont de la fin des bons à leurs fins honorées :
Nul grade, nul estat ne nous leve si haut
Que donner gloire à Dieu au haut d'un eschaffaut. »
— « Mourons, peres, mourons, ce dit l'enfant à l'heure. »
L'homme est si inconstant à changer de demeure,
La nouveauté luy plaist, et quand il est au lieu
Pour changer cette fange à la gloire de Dieu,
L'homme commun se plaint de pareille parolle :
Ils consolent leur filz et leur filz les consolle.
 Voicy entrer l'amas des sophistes docteurs,
Qui au front enducy s'aprochent seducteurs,
Pour vaincre d'arguments les pretieuses ames
Que la raison celeste a mené dans les flames.
Mais l'esprit tout de feu du brave et docte enfant
Voloit dessus l'erreur d'un sçavoir triomphant,
Et malgré leurs discours, leurs fuittes et leurs ruzes,
Il laissoit les caphards sans mot et sans excuses.
La mort n'appelloit point ce bel entendement
A regarder son front, mais sur chaque argument

Prompt, aigu, advisé, sans doubte et sans refuge,
En les rendant transis, il eut grace de juge.
A la fin du combat ces deux Eleazards
Sur l'enfant à genoux couchant leurs chefs vieillards,
Sortirent les premiers du monde et des miseres,
Et leur filz en chantant courut après ses peres.

   O cœurs, mourants à vie indomptez et vainqueurs,
O combien vostre mort fit revivre de cœurs !

   Nostre grand Beroalde a veu, docte Gastine,
Avant mourir, ces traicts fruits de sa discipline.
Ton privé compagnon d'escolles et de jeux
L'escrit : le fasse Dieu ton compagnon de feux.

   O bien-heureux celuy qui, quand l'homme le tüe,
Arrache de l'erreur tant d'esprits par sa veüe :
Qui monstre les thresors, et graces de son Dieu,
Qui butine en mourant tant d'esprits au millieu
Des spectateurs esleus : telle mort est suivie
Presque tousjours du gain de mainte belle vie ;
Mais les martyrs ont eu moins de contentement,
De qui la laide nuict cache le beau tourment.
Non que l'ambition y soit quelque salaire :
Le salaire est en Dieu à qui la nuict est claire,
Pourtant beau l'instrument de qui l'exemple sert
A gaigner, en mourant, la brebis qui se perd.

   Je ne t'oublieray pas, ô ame bien-heureuse,
Je tireray ton nom de la nuict tenebreuse,
Ton martyre secret, ton exemple caché
Sera par mes escrits des ombres arraché.

Du berceau, du tombeau, je releve une fille,
De qui je ne diray le nom ni la famille :
Le pere encor vivant, plein de graces de Dieu,
En païs estranger lira en quelque lieu
Quelle fut cette mort dont il forma la vie.
Ce pere avoit tiré de la grand' bouscherie
Sa fidelle moitié d'une tremblante main,
Et un de leurs enfans, qui luy pendoit au sein :
Deux filles, qui cuidoient que le nœud de la race
Au sein de leurs parents trouveroit quelque place,
Se vont jetter aux bras de ceux de qui le sang
De la tendre pitié debvoit brusler le flanc.
Ces parents, mais bourreaux, par leurs douces parolles,
Par menaces après, contraignoient aux idolles
Ces cœurs voüez à Dieu, puis l'aveugle courroux
Des inutiles mots les fit courir aux coups.
Par trente jours entiers ces filles deschirées
De verges et fers chauds demeurent asseurées :
La nuict on les espie, et leurs sanglantes mains
Joinctes tendoient au ciel ; ces proches inhumains
Dessus ces tendres corps impiteux s'endurcirent,
Si que hors de l'espoir de les vaincre ils sortirent.
En plus noire mi-nuict, ils les jettent dehors,
La plus jeune, n'aiant place entiere en son corps,
Est prise de la fiebvre, et tombe à demi morte,
Sans poulx, sans mouvement, sur le seuil d'une porte ;
L'autre s'enfuit d'effroy, et ne peut ce discours
Poursuivre plus avant le succès de ses jours.

Le jour estant levé, le peuple esmeu advise
Cet enfant que les coups et que le sang desguise,
Inconneu, pour autant qu'en la nuict elle avoit
Fuy de son logis plus loing qu'elle pouvoit.
On porte à l'hospital cette ame esvanouye,
Mais si tost qu'elle eut pris la parolle et la vie,
Elle prie en son lict : « O Dieu, double ma foy,
C'est par les maux aussy que les tiens vont à toy :
Je ne t'oublieray point, mais, mon Dieu, fay en sorte
Qu'à la force du mal je devienne plus forte. »
Ce mot donna soupçon : on pense incontinent
Que les esprits d'erreur n'alloient pas enseignant
Les enfans de neufs ans, pour, des chansons si belles,
Donner gloire au grand Dieu, au sortir des mamelles.
Jesus-Christ, vray berger, sçait ainsy faire choix
Ce ses tendres brebis, et les marque à la voix.
Au bout de quelques mois des-jà la maladie
Eut pitié de l'enfant, et luy laissoit la vie ;
La fiebvre s'enfuit, et le dard de la mort
Laissa ce corps si tendre avec un cœur si fort.
L'aveugle cruauté enflamma, au contraire,
A commettre la mort que la mort n'a peu faire :
Les gardes d'hospital, qui un temps par prescheurs,
Par propos importuns d'impiteux seducteurs,
Par menaces après, par picquantes injures
S'essaierent plonger cette ame en leurs ordures.
L'enfant aux seducteurs disoit quelques raisons,
Contre les menaçans se targuoit d'oraisons,

Et comme ses tourments changoient de leur maniere,
D'elle mesme elle avoit quelque propre priere.
Pour dernier instrument, ils osterent le pain,
La vie à la mi-morte, en cuidant par la faim,
En ses plus tendres ans, l'attirer ou contraindre.
Il fut plus malaisé la forcer que l'esteindre :
La vie et non l'envie ils presserent si fort
Quelle donne en trois jours les signes de la mort.
Cet enfant, non enfant, mais ame des-jà saincte,
De quelque beau discours, de quelque belle plainte,
Estonnoit tous les jours, et n'amollissoit pas
Les vilains instruments d'un languissant trespas.
Il avint que ses mains encores deschirées
Receloient quelque sang aux playes demeurées :
A l'effort de la mort sa main gauche saigna,
Entiere dans son sang innocent se baigna :
En l'air elle haussa cette main desgouttante,
Et pour derniere voix elle dit, gemissante :
« O Dieu, pren moy la main, pren-la, Dieu secourant,
Soustien-moy, conduy-moy au petit demeurant
De mes maux achevez : il ne faut plus qu'une heure
Pour faire qu'en ton sein à mon ayse je meure,
Et que je meure en toy comme en toy j'ay vescu.
Le mal gaigne le corps, prens l'esprit invaincu. »
Sa parolle affoiblit, à peine elle profere
Les noms demi-sonnez de sa sœur et sa mere,
D'un visage plus gay elle tourna les yeux
Vers le ciel de son lict, les plante dans les Cieux,

Puis à petits soupirs, l'ame vive s'advance
Et après les regards et après l'esperance.
Dieu ne refusa point la main de cet enfant,
Son œil vid l'œil mourant, le baisa triomphant,
Sa main luy prit la main, et sa derniere haleine
Fuma au sein de Dieu qui, present à sa peine,
Luy soustint le menton, l'esveilla de sa voix ;
Il larmoya sur elle, il ferma de ses doigts
La bouche de loüange, achevant sa priere,
Baissant des mesmes doigts pour la fin la paupiere :
L'air tonna, le ciel plut, les simples elements
Sentirent à ce coup tourment de ces tourments.

  O François desreiglez, où logent vos polices,
Puis que vos hospitaux servent à tels offices ?
Que feront vos bourdeaux et vos brelans pilleurs,
La forest, le rocher, la caverne aux voleurs ?

  Mais quoy ? des saincts tesmoings la constance affermie
Avoit lassé les poingts de la gent ennemie,
Noyé l'ardeur des feux, seiché le cours des eaux,
Emoussé tous les fers, usé tous les cordeaux,
Quand des autels de Dieu l'inextinguible zelle
Mit au feu l'estomach de maint et maint fidelle,
Sur tout de trois Anglois qui, en se complaignant
Que des affections le grand feu s'esteignant,
Avec luy s'estouffoit l'autre flamme ravie,
Qui est l'ame de l'ame et l'esprit de la vie.
Ces grands cœurs ne voulants que l'ennemy rusé
Par un siecle de guerre eut, plus fin, desguisé

En des combats de fer le combat de l'Eglise,
Poussez du doigt de Dieu, ils firent entreprise
D'aller encor livrer un assaut hazardeux
Dans le nid de Sathan ; mais de ces trois, les deux
Prescherent en secret, et la ruse ennemie
En secret estouffa leur martyre et leur vie.
Le tiers, après avoir essayé par le bruict
A cueillir sur leur cendre encore quelque fruict,
Rendit son coup public et publicque sa peine.
  Humains qui prononcez une sentence humaine
Contre cette action, nommant temerité
Ce que le Ciel depart de magnanimité,
Vous dictes que ce fut un effort de manie
De porter de si loing le thresor de sa vie,
Aller jusques dans Rome, et aux yeux des Romains
Attacquer l'Antechrist, luy arracher des mains
L'idolle consacrée, aux pieds l'aiant foulée,
Consacrer à son Dieu son ame consolée ;
Vous qui, sans passion, jugez les passions,
Dont l'esprit tout de feu esprend nos motions,
Lians le doigt de Dieu aux principes ethicques,
Les tesmoignages saincts ne sont pas politicques
Assez à vostre gré : vous ne connoissez point
Combien peut l'Esprit sainct, quand les esprits il poinct.
Que blasmez-vous icy ? l'entreprise boüillante,
Le progrez sans changer, ou la fin triomphante ?
Est-ce entreprendre mal d'aller annoncer Dieu
Du grand siege d'erreur au superbe millieu ?

Est-ce mal avancé la chose encommencée
De changer cinq cents lieux sans changer de pensée ?
Est-ce mal achever de piller tant de cœurs
Dedans les seins tremblants des pasles spectateurs ?
Nous avons veu les fruicts et ceux que cette escole
Fit, en Rome, quitter et Rome et son idole.
Ouy, mais c'est desespoir, avoir la liberté
En ses mains et choisir une captivité.
Les trois enfants vivoient libres et à leur ayse :
Mais l'aise leur fut moins douce que la fournaise.
On refusoit la mort à ces premiers chrestiens
Qui recherchoient la mort sans fers et sans liens :
Paul, mis en liberté d'un coup du ciel, refuse
La douce liberté. Qui est-ce qui l'accuse ?
Apprenez, cœurs transis, esprits lents, juges froids,
A prendre loy d'enhaut, non y donner des loix :
Admirez le secret que l'on ne peut comprendre :
En loüant Dieu, jettez des fleurs sur cette cendre.

   Ce tesmoing endura du peuple esmeu les coups,
Il fut laissé pour mort, non esmeu de courroux,
Et puis voyant cercher des peines plus subtiles,
Et rengreger sa peine, il dit : « Cerchez, Perilles :
Cerchez quelques tourments longs et ingenieux,
Le coup de l'Eternel n'en paroistra que mieux :
Mon ame, contre qui la mort n'est gueres forte,
Aime à la mettre bas de quelque brave sorte. »
Sur un asne on le lie, et six torches en feu
Le vont de rüe en rüe asseichant peu à peu.

On brusle tout premier et sa bouche et sa langue :
A un des boutte-feux il fit cette harangue :
« Tu n'auras pas l'esprit : Qui t'a, chetif, appris
Que Dieu n'entendra point les voix de nos esprits ? »
Les flambeaux traversoient les deux joües rosties
Qu'on entendit : *Seigneur, pardonne à leurs follies* :
Ils bruslent son visage, ils luy crevent les yeux,
Pour chasser la pitié en le monstrant hideux :
Le peuple s'y trompoit, mais le Ciel de sa place
Ne contempla jamais une plus claire face :
Jamais le paradis n'a ouvert ses thresors
Plus riant à esprit separé de son corps :
Christ luy donna sa marque, et le voulut faire estre
Imitateur privé des honneurs de son maistre,
Monté dessus l'asnon, pour entrer tout en paix
Dans la Hierusalem permanente à jamais.

   Ouy, le ciel arrousa ces graines espandües,
Les cendres que fouloit Rome parmy ses rües :
Tesmoing ce blanc vieillard que trois ans de prisons
Avoient mis par delà le roolle des grisons :
Qui à ondes couvroit de neiges sans froidure
Les deux bras de cheveux, de barbe la ceinture.
Ce cygne fut tiré de son obscur estuy
Pour gagner par l'effroy ce que ne peut l'ennuy :
De près il vit briser si douloureuse vie,
Et tout au lieu de peur anima son envie :
Le docte confesseur qui au feu l'assista,
Changé, le lendemain, en chaire presenta

Sa vie au mesme feu, maintenant l'innocence
De son vieillard client : la paisible assistance
Sans murmure escouta les nouvelles raisons,
Apprit de son prescheur comment, dans les prisons,
Celuy qui eut de solde un escu par journée
Avoit entre les fers sa despence ordonnée,
Vivant d'un sol de pain : ainsy le prisonnier
En un pauvre crotton le fit riche ausmonnier.
Ce peuple pour ouïr ces choses eut oreilles,
Mais n'eut pour l'accuser de langue. Les merveilles
De Dieu font quelquesfois en la constante mort
Ou en la liberté quelque fois leur effort.
   De mesme escolle vint, après un peu d'espace,
Le Maigre, capucin : cestuy-cy en la face
Du pape non clement l'appella ante-Christ,
Faisant de vive voix ce qu'autre par escrit.
Il avoit recerché dedans le cloistre immonde
La separation des ordures du monde ;
Mais y aiant trouvé du monde les retraicts,
Quarante jours entiers il desploia les traicts,
En la chaire d'erreur, de la vérité pure,
La robbe de mensonge estant sa couverture.
Un sien juge choisy, par luy jugé, appris
Et depuis fugitif, nous donna dans Paris
La suitte de ces morts, à esclorre des vies,
Pour l'honneur des Anglois contre les calomnies :
Mais il se ravissoit sur ce qu'avoit presché
L'esprit sans corps, par qui le corps bruslé, seiché,

N'estoit plus sa maison, mais quelque tendre voile,
Comme un guerrier parfaict, campant dessoubs la toile.
Qu'on menace de feu ces corps des-jà brisés :
O combien sont ces feux par ceux-là mesprisez !
Ceux-là battent aux champ, ces ames militantes
Pour aller au combat mettent le feu aux tentes.

Le primptemps de l'Eglise et l'esté sont passez,
Si serez-vous par moy, verds boutons, amassez ;
Encor esclorrez-vous, fleurs si franches, si vives,
Bien que vous paroissiez dernieres et tardives :
On ne vous lairra pas, simples de si grand prix,
Sans vous voir et flairer au celeste pourpris ;
Une rose d'automne est plus qu'une autre exquise.
Vous avez esjoui l'automne de l'Eglise :
Les grands feux de la chienne oublioient à brusler,
Le froid du scorpion rendoit plus calme l'air,
Cest air doux qui tout autre en malices excede
Ne fit tiedes vos cœurs en une saison tiede.
Ce fut lors que l'on vid les lions embrazer
Et chasser, barriquez, leur Nebucadnezer,
Qui à son vieil Bernard remonstra sa contrainte
De l'exposer au feu si mieux n'aimoit par feinte
S'accommoder au temps : le vieillard chevelu
Respond : « Sire, j'estois en tout temps resolu
D'exposer sans regret la fin de mes années,
Et ores les voiant en un temps terminées
Où mon grand Roi a dit : *Je suis contrainct*, ces voix
M'osteroient de mourir le deuil si j'en avois.

Or vous et tous ceux-là qui vous ont peu contraindre
Ne me contraindrez pas, car je ne sçay pas craindre,
Puis que je sçay mourir. » La France avoit mestier
Que ce potier fust roy, que ce roy fust potier.
De cet esprit royal la bravade gentille
Mit en fiebvre Henry. De ce temps, la Bastille
N'emprisonnoit que grands, mais à Bernard il faut
Une grande prison et un grand eschaffaut.
Vous eustes ce vieillard compagnon en vos peines,
Compagnon de liens, ames parisiennes.
On vous offrit la vie aux despens de l'honneur :
Mais vostre honneur marcha soubs celuy du Seigneur
Au triomphe immortel, quand du tyran la peine
Plustot que son amour vous fit choisir la haine.
Nature s'emploiant sur cette extremité
En ce jour vous para d'angelicque beauté :
Et pource qu'elle avoit en son sein preparées
Des graces pour vous rendre en vos jours honorées,
Prodigue, elle versa en un pour ses enfans
Ce qu'elle reservoit pour le cours de vos ans.
Ainsy le beau soleil monstre un plus beau visage,
Faisant un soutre clair soubs l'espais du nuage,
Et se faict par regrets, et par desirs aimer,
Quand ses rayons du soir se plongent en la mer.
On dit du pelerin quand de son lict il bouge,
Qu'il veut le matin blanc, et avoir le soir rouge.
Vostre naissance, enfance, ont eu le matin blanc :
Vostre coucher heureux rougit en vostre sang.

Beautez, vous advanciez d'où retournoit Moyse
Quand sa face parut si claire et si exquise.
D'entre les couronnez, le premier couronné
De tels raions se vit le front environné.
Tel, en voyant le ciel, fut veu ce grand Estienne,
Quand la face de Dieu brilla dedans la sienne.
O astres bien-heureux, qui rendez à nostre œil
Ses mirouers et rayons, lunes du grand soleil !
 Dieu vid donc de ses yeux, d'un moment dix mil'ames
Rire à sa vérité, en despitant les flammes :
Les uns qui, tout chenus d'ans et de saincteté,
Mouroient blancs de la teste et de la pieté ;
Les autres, mesprisans au plus fort de leur aage
L'effort de leurs plaisirs, eurent pareil courage
A leurs virilitez ; et les petis enfans,
De qui l'ame n'estoit tendre comme les ans,
Donnoient gloire au grand Dieu, et de chansons nouvelles
S'en couroient à la mort au sortir des mamelles,
Quelques uns des plus grands, de qui Dieu ne voulut
Le salut impossible, et d'autres qu'il esleut,
Pour prouver par la mort, constamment recerchée,
La docte vérité comme ils l'avoient preschée.
Mais beaucoup plus à plain qu'aux doctes et aux grands,
Sur les pauvres abjects sainctement ignorants
Parut sa grand'bonté, quand les braves courages
Que Dieu voulut tirer des fanges des villages
Vindrent faire rougir devant les yeux des roys
La folle vanité, l'esprit donna des voix

Les Tragiques. — T. II.

Aux muets pour parler, aux ignorants des langues,
Aux simples des raisons, des preuves, des harangues,
Ne les fit que l'organe à prononcer les mots
Qui des docteurs du monde effaçoient les propos.
Des inventeurs subtils les peines plus cruelles
N'ont attendri le sein des simples damoiselles :
Leurs membres delicats ont souffert, en maint lieu,
Le glaive et les fagots en donnant gloire à Dieu :
Du Tout-Puissant la force au cœur mesme des femmes
Donna vaincre la mort et combattre les flammes :
Les cordes des geoliers deviennent leurs carquans,
Les chaines des posteaux leurs mignards jaserans :
Sans plaindre leurs cheveux, leur vie et leurs delices,
Elles les ont à Dieu rendus en sacrifices.
  Quand la guerre, la peste et la faim s'approchoient,
Les trompettes d'enfer plus eschauffez preschoient
Les armes, les fagots, et, pour appaiser l'ire
Du ciel, on presentoit un fidelle au martyre.
« Nous serions, disoient-ils, paisibles, saouls et sains.
Si ces meschans vouloient faire priere aux sainctz. »
Vous eussiez dit plus vray, langues fausses et folles,
En disant : ce mal vient de servir aux idolles :
Parfaicts imitateurs des abusez païens,
Appaisez-vous le ciel par si tristes moiens ?
Vous deschirez encor et les noms et les vies
Des inhumanitez et mesmes calomnies
Que Rome la payenne infidelle inventa,
Lors que le filz de Dieu sa banniere y planta.

Nous sommes des premiers images véritables :
Imprudents, vous prenez des Nerons les vocables.
Encontre ces chrestiens, tout s'esmeut par un bruit
Qu'ils mangeoient les enfants, qu'ils s'assembloient la nuict
Pour tüer la chandelle et faire des meslanges
D'inceste, d'adultere, et des crimes estranges.
Ils voioient tous les jours ces chrestiens accusez
Ne cercher que l'horreur des grands feux embrasez,
Et Ciprian disoit : « Les personnes charnelles
Qui aiment leurs plaisirs cerchent-ils des fins telles?
Comment pourroit la mort loger dans les desirs
De ceux qui ont pour Dieu la chair et les plaisirs? »
Jugez de quel crayon, de quelle couleur vive
Nous portons dans le front de l'Eglise primitive.

O bien-heureux esprits qui, en changeans de lieu,
Changez la guerre en paix, et qui aux yeux de Dieu
Souffrez, mourez pour tel de qui la recompense
N'a le vouloir borné non plus que la puissance !
Ce Dieu là vous a veus et n'a aimé des cieux
L'indicible plaisir, pour approcher ses yeux
Et sa force de vous : cette constance extresme
Qui vous a faict tuer l'enfer et la mort blesme,
Qui a faict les petits resister aux plus grands,
Qui a faict les bergers vainqueurs sur les tyrans,
Vient de Dieu, qui, present au millieu de vos flammes,
Fit mespriser les corps pour delivrer les ames.
Ainsy en ces combats, ce grand chef souverain
Commande de la voix et combat de la main :

Il marche au rang des siens ; nul champion en peine
N'est sans la main de Dieu qui par la main le meine.
  Quand Dieu eut tournoyé la terre tout en feu
Contre sa verité, et après qu'il eut veu
La souffrance des siens, au contraire il advise
Ceux qui tiennent le lieu et le nom de l'Eglise
Yvres de sang, de vin, qui, enflez au millieu
Du monde et des malheurs, blasphement contre Dieu ;
Presidans sur le fer, commandent à la guerre ;
Possedans les grandeurs, les honneurs de la terre,
Portoient la croix en l'or et non pas en leurs cœurs,
N'estoient persecutez, mais bien persecuteurs :
Au conseil des tyrans ils eslevoient leurs crestes,
Signoient et refusoient des peuples les requestes ;
Jugeoient et partageoient, en grondans comme chiens,
Des pauvres de l'Eglise et les droicts et les biens.
Sel sans saveur, bois verd qui sans feu rend fumée,
Nuage sans liqueur, abondance affamée,
Comme l'arbre enterré au dessus du nombril,
Offusqué par sa graisse et par elle steril :
D'ailleurs, leurs fautes sont descouvertes et nües :
Dieu les vid à travers leurs fueilles mal cousües,
Se disans conseillers, desquels l'ordre et le rang
Ne permet de tüer et de juger au sang :
Ceux là changeans de nom et ne changeants d'office,
Après soliciteurs, non juges des supplices,
Furent trouvez sortants des jeux et des festins
Ronfler aux seins enflés de leurs pasles putains.

Dieu voulut en voir plus, mais de regret et d'ire
Tout son sang escuma : il fuit, il se retire,
Met ses mains au devant de ses yeux en courroux.
Le Tout-Puissant ne peut resider entre nous :
Sa barbe et ses cheveux de fureur herisserent,
Les sourcils de son front en rides s'enfoncerent,
Ses yeux changez en feu jetterent pleurs amers,
Son sein enflé de vent vomissoit des esclairs.
 Il se repentit donc d'avoir formé la terre :
Tantost il prit au poing une masse de guerre,
Une boeste de peste, et de famine un vent ;
Il veut mesler la mer et l'air en un moment,
Pour faire encor un coup, en une arche reclose,
L'eslection des siens ; il pense, il se propose
Son alliance saincte ; il veut garder sa foy
A ceux qui n'en ont point, car ce n'est pas un roy
Tel que les tyranneaux qui remparent leur vie
De glaives, de poisons et de la perfidie :
Il tient encor serrez les maux, les eaux, les feux,
Et pour laisser combler le vice aux vicieux,
Souffrit et n'aima pas, permit et ne fut cause
Du reste de nos maux : puis d'une longue pause,
Pensant profondement, courba son chef dolent,
Finit un dur penser d'un sanglot violent :
Il croiza ses deux bras, vers le Ciel les releve :
Son cœur ne peut plus faire avec le monde treve :
Lors d'un pied depité refrappant par sept fois
La poudre, il fit venir quatre vents soubs les loix

D'un chariot volant, puis sans ouvrir sa veüe
Il sauta de la terre en l'obscur de la nüe :
La terre se noircit d'espais aveuglement,
Et le ciel rayonna d'heureux contentement.

LES FERS

LIVRE CINQUIÈME

LES FERS

Dieu retira ses yeux de la terre ennemie :
La justice et la foy, la lumiere et la vie
S'envolerent au Ciel : des tenebres l'espais
Jouissoit de la terre et des hommes en paix.
Comme un roy justicier quelquefois abandonne
La royalle cité, siege de sa couronne,
Pour, en faisant le tour de son royaume entier,
Voir si ses vices-rois exercent leur mestier,
Aux lieux plus eslognez refrener la licence
Que les peuples mutins prenent en son absence :
Puis, ayant poursuivy sa visite et son tour,
S'en reva desiré en son premier sejour.

Son Parlement, sa Cour, son Paris ordinaire
A son heureux retour ne sçavent quelle chere
Ne quels gestes mouvoir, pour au roy tesmoigner,
Que tout plaisir voulut avec lui s'eslongner,
Tout plaisir retourner au retour de sa face.
Ainsy (sans definir de l'Eternel la place,
Mais comme il est permis aux tesmoignages saincts
Comprendre le celeste aux termes des humains)
Ce grand Roy de tous rois, ce Prince de tous princes,
Lassé de visiter ses rebelles provinces,
Se rassit en son throsne, et d'honneur couronné
Fit au peuple du Ciel voir son chef rayonné.
Les celestes bourgois, affamez de sa gloire,
Volent par millions à ce palais d'yvoire :
Les habitants du Ciel comparurent à l'œil
Du grand soleil du monde et de ce beau soleil :
Les Seraphins ravis le contemploient à veüe,
Les Cherubins couverts (ainsy que d'une nüe)
L'adoroient soubs un voile : un chacun en son lieu,
Extatic, reluisoit de la face de Dieu ;
Cet amas bien-heureux mesloit de sa presence
Clarté dessus clarté, puissance sur puissance :
Le haut pouvoir de Dieu sur tout pouvoir estoit,
Et son throsne eslevé sur les throsnes montoit.

   Parmy les purs esprits survint l'esprit immonde,
Quand Satan, halletant d'avoir tourné le monde,
Se glissa dans la presse : aussy tost l'œil divin
De tant d'esprits benits tria l'esprit malin.

Il n'esbloüit de Dieu la clarté singuliere
Quoy qu'il fust desguisé en ange de lumiere :
Car sa face estoit belle, et ses yeux clairs et beaux,
Leur fureur addoucie ; il desguisoit ses peaux
D'un voile pur et blanc de robbes reluisantes :
De ses reins retroussez les pennes blanchissantes
Et les aisles croissoient sur l'eschine en repos :
Ainsy que ses habits il farda ses propos,
Et composoit encor sa contenance douce
Quand Dieu l'empongne au bras, le tire, se courouce,
Le separe de tous et l'interrogue ainsy :
« D'où viens-tu, faux Satan ? que viens-tu faire icy ? »
Lors le trompeur trompé d'asseuré devint blesme,
L'enchanteur se trouva desenchanté luy-mesme,
Son front se seillonna, ses cheveux herissez,
Ses yeux flambants dessoubs les sourcils refroncés,
Le crespe blanchissant qui les cheveux luy cœuvre
Se change en mesme peau que porte la couleuvre
Qu'on appelle coëffée, ou bien en telle peau
Que le serpent mué despoüille au temps nouveau.
La bouche devint pasle ; un changement estrange
Luy donna front du diable et osta celuy d'ange.
L'ordure le flestrit, tout au long se respand,
La teste sa descoëffe et se change en serpent :
Le pennache luisant et les plumes si belles
Dont il contrefaisoit les angelicques ailes,
Tout ce blanc se ternit, ces aisles, peu à peu
Noires, se vont tachant de cent marques de feu,

En dragon affricain ; lors sa peau mouchettée :
Comme un ventre d'aspic se trouve marquettée :
Il tomba sur la voute, où son corps s'allongeant,
De diverses couleurs et venin se changeant,
Le ventre jaunissant et noirastre la queüe,
Pour un ange trompeur mit un serpent en veüe.
La parolle luy faut, le front de l'effronté
Ne pouvoit supporter la saincte majesté.
Qui a veu quelque fois prendre un coupeur de bourse
Son œuvre dans ses mains, qui ne peut à la course
Se sauver, desguiser ou nier son forfaict ?
Satan n'a plus les tours desquels il se deffaict :
S'il fuit, le doigt de Dieu par tout le monde vole :
S'il ment, Dieu juge tout et connoist sa parole.
Le criminel pressé, repressé plusieurs fois,
Tout enroüé trouva l'usage de la voix,
Et respond en tremblant : « Je viens de voir la terre,
La visiter, la ceindre et y faire la guerre;
Tromper, tenter, ravir, tacher à decevoir
Le riche en ses plaisirs, le pauvre au desespoir :
Je viens de redresser emprise sur emprise,
Les fers après les feux encontre ton Eglise :
Je viens des noirs cachots, tristes d'obscurité,
Piper les foibles cœurs du nom de liberté,
Fasciner le vulgaire en estranges merveilles,
Assieger de grandeurs des plus grands les oreilles,
Peindre aux cœurs amoureux le lustre des beautez,
Aux cruels par mes feux doubler les cruautez,

Appaster (sans saouler) le vicieux du vice,
D'honneurs l'ambition, de presents l'avarice.
 — Pourtant (dit l'Eternel), si tu as esprouvé
La constance des miens, Satan, tu as trouvé
Toute confusion sur ton visage blesme,
Quand mes saincts champions, en tüant la mort mesme,
Des cœurs plus abbrutis arrachent les soupirs :
Tu as grincé les dents en voiant ces martyrs
Te destruire la chair, le monde et ses puissances
Et les tableaux hideux de leurs noires offences
Que tu leur affrontois; et quand je t'ay permis
De les livrer aux mains de leurs durs ennemis,
La peine et la douleur sur leur chair augmentée
A veu le corps destruict, non l'ame espouventée. »
 Le calomniateur respondit : « Je sçay bien
Qu'à un vivre facheux la mort est moins que rien :
Ces cerveaux à qui l'heur et le plaisir tu ostes,
Seichez par la vapeur qui sort des fausses costes,
S'affligent de terreurs, font en soy des prisons
Qui ferment le guichet aux humaines raisons.
Ils sont chassez par tout et si las de leur fuitte
Qu'au repos des crottons la peine les invitte :
On leur oste les biens, ils sont pressez de faim,
Ils ayment la prison qui leur donne du pain.
Puis, vivants sans plaisir, n'auront-ils point d'envie
De guerir par la mort une mortelle vie ?
Aux cachots estouffez on les va secourir
Quand on leur va donner un peu d'air pour mourir.

La pesanteur des fers quand on les en delivre
Leur est quelque soulas au changement de vivre :
L'obscur de leurs prisons à ces desesperez
Faict desirer les feux dont ils sont esclairez :
Mais si tu veux tirer la preuve de ces ames,
Oste-les des couteaux, des cordeaux et des flammes :
Laisse l'aize venir, change l'adversité
Au favorable temps de la prosperité ;
Mets-les à la fumée et au feu des batailles,
Verse de leurs haineux à leurs pieds les entrailles ;
Qu'ils manient du sang : enflamme un peu leurs yeux
Du nom de conquerans ou de victorieux ;
Pousse les gouverneurs des villes et provinces,
Jette dans leurs troupeaux l'excellence des princes,
Qu'ils soient solliciteurs d'honneur, d'or et de bien ;
Meslons l'estat des rois un peu avec le tien.
Le vent de la faveur passe sur ces courages,
Que je les ploie au gain et aux macquerelages ;
Qu'ils soient de mes prudents, et pour le faire court,
Je leur montre le ciel au mirouër de la court.
Puis après, tout soudain que ta face changée
Abandonne sans cœur la bande encouragée,
Et lors, pour essaier ces hauts et braves cœurs,
Laisse-les chatouiller d'ongles des massacreurs ;
Laisse-les deschirer : ils auront leur fiance
En leur princes puissants et non en ta puissance.
Des princes les meilleurs au combat periront,
Les autres au besoing, lasches, les trahiront.

Ils ne connoistront point ni la foi ni la grace,
Ains te blasphemeront, Eternel, en ta face :
Si tout ne reüssit, j'ay encore un tyson
Dedans mon arcenal, qui aura sa saison;
C'est la guerre d'argent qu'après tout je prepare.
Quand le regne sera hors les mains d'un avare,
De tant de braves cœurs et d'excellents esprits
Bien peu refuseront du sang juste le prix :
C'est alors que je tiens plus seure la deffaicte,
Quand le mal d'Israel viendra par le prophete.
Que je fasse toucher l'hypocrite pasteur
L'impure pension ; si bien qu'esprit menteur,
J'entre aux chefs des Achabs par langues desbauchées,
De mes cornus donnans des soufflets aux Michées.
Ces faux Sedecias, puissants d'or et faveur,
Vaincront par doux propos soubs le nom de Sauveur :
Flatteurs, ils poliront de leurs friandes limes
Le discours œquivocque et les mots homonymes.
Deschaine-moy les poings, remets entre mes mains
Ces chrestiens obstinez qui, parmy les humains,
Font gloire de ton nom : si ma force est esteinte,
Lors je confesseray que ton Eglise est saincte.
  « Je te permets, Satan (dit l'Eternel alors),
D'esteindre par le fer la plus-part de leur corps :
Fay, selon ton dessein, les ames reservées,
Qui sont en mon conseil, avant le temps sauvées.
Ton filet n'enclorra que les abandonnez
Qui furent nez pour toy premier que feussent nez :

Mes champions vainqueurs, vaisseaux de ma victoire,
Feront servir ta ruse et ta peine à ma gloire. »
 Le Ciel pur se fendit; se fendant, il eslance
Ceste peste du ciel aux pestes de la France :
Il trouble tout, passant : car, à son devaller,
Son precipice esmeut les malices de l'air,
Leur donne pour tambour et chamade un tonnerre :
L'air qui estoit en paix confus se trouve en guerre :
Les esprits des humains, agitez de fureurs,
Eurent part au changer des corps supérieurs.
L'esprit dans un Typhon piroüettant arrive
De Seine, tout poudreux, à l'ondoyante rive.
 Ce que premier il trouve à son advenement
Fut le preparatif du brave bastiment
Que desseignoit pour lors la peste florentine :
De dix mille maisons il voüa la ruine
Pour estoffe au dessein : le serpent captieux
Entra dans cette royne, et pour y entrer mieux
Fit un corps aeré de colomnes parfaictes,
De pavillons hautains, de folles giroüettes,
De domes accomplis, d'escaliers sans noyaux,
Fenestrages dorez, pilastres et portaux,
Des salles, cabinets, des chambres, galeries;
En fin d'un tel project que sont les Thuileries.
Comme idée, il gaigna l'imagination.
Du chef de Jesabel il prit possession;
L'ardent desir logé avorte d'autres vices.
Car ce que peut troubler ces desseins d'edifices

Est condamné à mort par ces volans desirs,
A qui le sang n'est cher pour servir aux plaisirs.
Ce butin conquesté, cet œil ardent descouvre
Tant de gibier pour soy dans le palais du Louvre,
Il s'acharne au pillage, et l'enchanteur rusé,
Tantost en conseiller finement desguisé.
En prescheur penitent et en homme d'Eglise,
Il mutine aisement, il conjure, il attise.
Le sang, l'esprit, le cœur, et l'oreille des grands,
Rien ne luy est fermé, mesme il entre dedans
Le conseil plus estroit : pour mieux filer sa trame,
Quelquefois il se vest d'un visage de femme,
Et pour pipper un cœur s'arme d'une beauté.
S'il faut s'authoriser, il prend l'authorité
D'un visage chenu qu'en rides il assemble,
Penchant son corps vouté sur un baston qui tremble,
Donne au proverbe vieux ce que peut faire l'art
Pour y accommoder le style d'un vieillard.
Pour l'œil d'un fat bigot l'affronteur hypocrite
De chapelets s'enchaine en guise d'un hermite,
Chaussé de capuchons et de frocs inconnus,
Se faict palir de froid par les pieds demi-nuds,
Se faict frere ignorant pour plaire à l'ignorance,
Puis souverain des Roys par poincts de conscience,
Faict le sçavant, depart au siecle la vertu,
Ment le nom de Jesus ; de deux robbes vestu,
Il fait le justicier pour tromper la justice,
Il se transforme en or pour vaincre l'avarice

Du grand temple Romain; il esleve aux hauts lieux
Ses esclaves gaignez, les fait roüer des yeux,
Les precipite au mal, ou cet esprit immonde
D'un haut mont leur promet les royaumes du monde;
Il desploie en marchand à ces jeunes seigneurs,
Pour traffict de peché, de France les honneurs.
Cependant, visitant l'ame de maint fidelle,
Il pippe un zelateur de son aveugle zelle :
Il desploie, piteux, tant de malheurs passez,
En donne un goust amer à ces esprits lassez :
Il desespere l'un, l'autre il perd d'esperance,
Il estrangle en son lict la blanche patience :
Et cette patience il reduit en fureur,
Il monstre son pouvoir d'efficace d'erreur :
Il faict que l'assaillant en audace persiste,
Et l'autre à la fureur par la fureur resiste.
Ce project estably, Satan en toutes parts
Des regnes d'occident despescha ses soudards :
Les ordes legions d'anges noirs s'envolerent,
Que les enfers esmeus à ce poinct decouplerent :
Ce sont ces esprits noirs qui de subtils pinceaux
Ont mis au Vatican les excellens tableaux,
Où l'Antechrist, saoulé de vengeance et de playe,
Sur l'effect de ses mains en triomphant s'esgaie.

 Si l'enfer fut esmeu, le ciel le fut aussy.
Les esprits vigilans qui ont toujours soucy
De garder leurs agneaux, le camp sacré des Anges,
Destournoit des chrestiens ces accidents estranges.

Tels contraires desseins produisirent çà-bas
Des purs et des impurs les assidus combats.
Chacun des esprits saincts ayant fourni sa tasche,
Et retourné au ciel comme à prendre relache,
Representoit au vif, d'un compas mesuré,
Dans le large parvis du haut ciel azuré,
Aux yeux de l'Eternel, d'une science exquise,
Les hontes de Satan, les combats de l'Eglise.
Le paradis, plus beau de spectacles si beaux,
Aima le parement de tels sacrez tableaux,
Si que, du vif esclat de couleurs immortelles,
Les voutes du haut ciel reluiserent plus belles.
Tels serviteurs de Dieu, peintres ingenieux,
Par ouvrages divins representoient aux yeux
Des martyrs bien-heureux une autre saison pire
Que la saison des feux n'avoit faict le martyre.
En cela fut permis aux esprits triomphans
De voir l'estat piteux ou l'heur de leurs enfans.
Les peres contemploient l'admirable constance
De leur posterité, qui, en tendrette enfance,
Pressoient les mesmes pas qu'ils leur avoient tracez.
Autres voioient du ciel leurs portraicts effacez
Sur leur race doubteuse, en qui l'ame deteste
Les degenerez cœurs, jaçoit qu'il ne leur reste
De passion charnelle, et qu'en ce sacré lieu
Il n'y ait zelle aucun que la gloire de Dieu.
Encor pour cette gloire à leurs filz ils prononcent
Le redoutable arrest de celuy qu'ils renoncent,

Comme les dons du ciel ne vont de rang en rang
S'attachans à la race, à la chair et au sang.
Tantost ils remarquoient les bras pesants de Moyse,
Et d'Israel fuyant l'enseigne en terre mise :
Puis Dieu leve ses bras et cette enseigne, alors
Qu'afoiblis aux moiens, par foy nous sommes forts :
Puis elle deperit quand, orgueilleux, nous sommes,
Sans le secours de Dieu, secourus par les hommes.

  Les zelateurs de Dieu, les citoyens peris
En combattant pour Christ, les loix et le pays,
Remarquoient aisement les batailles, les bandes,
Les personnes à part et petites et grandes.
Ceux qui de tels combats passerent dans les cieux,
Des yeux de leurs esprits voient des autres yeux :
Dieu met en cette main la plume pour escrire
Où un jour il mettra le glaive de son ire.
Les conseils plus secrets, les heures et les jours,
Les actes et le temps sont par soigneux discours
Adjoustez au pinceau : jamais à la memoire
Ne fut si doctement sacrée une autre histoire :
Car le temps s'y distingue, et tout l'ordre des faicts
Est si parfaictement par les Anges parfaicts
Escrit, deduit, compté, que par les mains sçavantes
Les plus vieilles saisons encor luy sont presentes.
La fureur, l'ignorance, un prince redoubté,
Ne font en ces discours tort à la verité.

  Les yeux des bien-heureux aux peintures advisent
Plus qu'un pinceau ne peut, et en l'histoire lisent

Les premiers fers tirez et les emotions
Qui brusloient d'un subject diverses nations.
Dans le ciel desguisé, historien des terres,
Ils lisent en leurs paix les efforts de nos guerres :
Et les premiers objets de ses yeux saincts et beaux
Furent au rencontrer de ces premiers tableaux.
 Le premier vous presente une aveugle Bellone
Qui s'irrite de soy, contre soy s'enfellonne,
Ne souffre rien d'entier, veut tout voir à morceaux.
On la void deschirer de ses ongles les peaux ;
Ses cheveux gris, sans loy, sont sanglantes viperes
Qui lui crevent le sein, dos et ventre d'ulceres,
Tant de coups qu'ils ne font qu'une playe en son corps.
La louve boit son sang, et faict son pain de morts.
 Voicy de toutes parts du circuy de la France,
Du brave Languedoc, de la seiche Provence,
Du noble Daulphiné, du riche Lyonnois,
Des Bourguignons testus, des legers Champenois,
Des Picards hazardeux, de Normandie forte,
Voicy le Breton franc, le Poictou qui tout porte.
Le Xaintongeois heureux, et les Gascons soudarts,
Des bords à leur millieu branslent de toutes parts,
Par troupeaux departis, et payés de leurs zeles,
Gardent secret et foy en trois mille cervelles :
Secret rare aujourd'huy en trois fronts de ce temps.
Et le zèle et la foy estoyent en leur primtemps,
Ferme entre les soldats, mais sans foy et sans bride
En ceux qui respiroient l'air de la cour perfide.

Voicy les deux François l'un sur l'autre enragez,
D'ame, d'esprit, de sens et courage changez.

Tel est l'hideux pourtraict de la guerre civille,
Qui produit soubs ses pieds une petite ville
Pleine de corps meurtris en la place estendus,
Son fleuve de noiés, ses creneaux de pendus.
Là, dessus l'eschaffaut qui tient toute la place,
Entre les condamnés, un esleve sa face
Vers le ciel, luy monstrant le sang fumant et chaud
Des premiers estestés; puis s'escria tout haut,
Haussant les mains du sang des siens ensanglantées :
« O Dieu puissant vengeur, tes mains seront ostées
De ton sein, car cecy du haut ciel tu verras,
Et de cent mille morts à poinct te vengeras! »

Après se vient enfler une puissante armée,
Remarquable de fer, de feux et de fumée,
Ou les reistres couverts de noir et de fureurs
Departent des François les tragicques erreurs.
Les deux chefs y sont pris, et leur dure rencontre
La defaveur du ciel à l'un et l'autre monstre.
Vous voiez la victoire, en la plaine de Dreux,
Les deux favoriser pour ruiner les deux.
Comme en large chemin le pantelant yvrogne
Ondoye çà et là, s'approchant, il s'eslongne :
Ainsy les deux costez heurte et fuit à la fois
La victoire troublée, yvre du sang françois :
L'insolence parmy les deux camps se pourmeine,
Les faict vaincre vaincus tout à la Cadmeene.

LES FERS

C'est le vaisseau noié qui, versé au profond,
Ne laisse au plus heureux que l'heur d'estre second :
L'un ruine, en vainquant, sa doubteuse victoire,
L'autre au debris de soy et des siens prend sa gloire.
Dieu eut à desplaisir tels moiens pour les siens,
Affoiblit leurs efforts pour monstrer ses moiens.
Comme on void en celuy pui prodigua sa vie
Pour tuer Holoferne assiegeant Bethulie,
Ou, quand les abbatus succomboient sous le faix,
La mort des turbulents donne vie à la paix.

L'homme sage pour soy faict quelque paix en terre,
Et Dieu non satisfaict commence une autre guerre.
L'homme pense eviter les fleaux du ciel vengeur
N'aiant la paix à Dieu ni la paix en son cœur.
Une autre grand peinture est plus loing arrangée
Où, pour le second coup, Babel est assiegée.
Un fort petit troupeau, peu de temps, peu de lieu,
Font de très grands effets ; celuy qui trompoit Dieu,
Son rang et ses amis, son sang et sa patrie,
Perdit l'Estat, l'honneur, le combat et la vie,
Là vous voyez comment la chrestienne vertu
Par le doigt du grand Dieu a si bien combatu,
Que les meschants, troublez de leurs succès estranges,
Pensèrent, esbahis, faire la guerre aux anges

Voicy renaistre encor des ordres tous nouveaux,
Des guerres icy-bas et au ciel des tableaux,
Où s'est peu voir celuy qui, là doublement prince,
Mesprise soubs ses pieds le reigne et la province.

Il remarque Jarnac, et contemple, joyeux,
Pour qui, comment et quel il passe dans les cieux :
Il void comme il perça une trouppe pressée,
Brisant encor sa jambe au paravant cassée :
Aislé de sa vertu, il vole au ciel nouveau,
Et son bourreau demeure à soy-mesme bourreau.
　Les autres, d'autre part, marquent au vif rangées
Mille troupes en feu, les villes assiegées,
Les assauts repoussez et les saccagements,
Escarmouches, combats, meurtres, embrazements ;
Combat de Sainct-Tirier, icy tu fais paroistre
Que quand la pluye eut mis en fange le salpestre,
Le camp royal, aux mains arresté et battu,
Esprouva des chrestiens le fer et la vertu.
Puis en grand marge luit, sans qu'un seul traict y faille,
Du sanglant Montcontour la sanglante bataille.
Là on joua de sang, là le fer inhumain.
Insolent, besongna dans l'insolente main,
Plus à souffrir la mort qu'à la donner habille,
Moins propre à guerroyer qu'à la fureur civile.
　Dieu fit la force vaine et l'appuy vain perir
Quand l'Eglise n'eut plus la marque de souffrir,
Connoissant les humains qui n'ont leur esperance
En leur puissant secours que vaincus d'impuissance.
Ainsy d'autres combats moindres mais violents
Amolissent le cœur des tyrans insolents.
Des camps les plus enflez les rencontres mortelles
Tournent en deffaveur et en deuil auy fidelles ;

Mais les petits troupeaux, favorisez des cieux,
Choisis des Gedeons, chantent victorieux.
Aussy Dieu n'a pas mis ses vertus enfermées
Au nombre plus espais des puissantes armées :
Il veut vaincre par soy et rendre consolez
Les camps tout ruinez et les cœurs desolez :
Les tirer du tombeau affin que la victoire
De luy et non de nous eternise la gloire :
C'est pourquoy Dieu maudit les roys du peuple hebrieu
Qui comptoient leurs soldats, non la force de Dieu,
 Ici prend son tableau la pieuse Renée,
Fille de ce Louis qui par la renommée
Fut dit père du peuple : entre ses bras royaulx
Estoient cachés de Dieu les serviteurs loyaux,
Mais le nombre estant creu jusqu'à mille familles,
Du grand puits infernal les puantes chenilles
Infecterent le sein de Charles sans pitié,
Luy firent mettre aux pieds l'honneur et l'amitié.
Il perdit le respect d'une tante si saincte.
Un messager de mort luy porta la contraincte
De degarnir cinq cents ou foyers ou logis,
Et d'en vuider les murs du triste Montargis.
Voicy femmes, vieillards et enfants qui n'ont armes
Que des cris vers le ciel, vers la terre des larmes,
Dans le chemin de mort. Telle qui autrefois
Avoit en grand langueur faict ses couches d'un mois,
Les faict sans s'arrester, heureuse et sans peine ;
Une tient d'une main un enfant qu'elle meine,

L'autre luy tient la robbe, et le tiers sur les bras ;
Le quart s'appuye en vain sur son vieux pere las ;
Le malade se traine, ou par ordre se jette
Sur le rare secours d'une vile charrette.
Ce troupeau harassé et de vivre et d'aller,
Vid sur les bords de Loire eslever dedans l'air
De poussière un grand corps, et puis dans le nuage
Leur parut des meurtriers le hideux esquipage,
Trois cornettes, et soubs les funestes drappeaux
Brilloient les coutelas dans les mains des boureaux.
Mais encor, à la gauche, une autre moindre trouppe
S'advance de plus près, et tout espoir luy couppe,
Horsmis celuy du ciel : là vont les yeux de tous,
Qui, ploiants cœurs et mains, atterrent les genoux.
Et le pasteur Beaumont, comme on faict aux batailles,
Harangua de ces mots un escadron d'ouailles :
« Que fuions-nous ? la vie. Que cerchons-nous ? la mort.
Cerchons-nous la tempeste ? Avons-nous peur du port ?
Tendons les mains à Dieu puisqu'il nous les veut tendre,
Et luy disons : Mon ame en tes mains je viens rendre,
Car tu m'as rachepté, ô Dieu de verité ! »
De gauche le troupeau s'estoit ja arresté,
Admirant le spectacle, et comme il s'avoysine,
L'un reconnoist sa sœur, et l'autre sa cousine.

C'estoient cent chevaliers qui depuis Moncontour,
Ayant tracé de France un presque demi-tour,
Vers leur pais natal à poinct se vindrent rendre
Pour des gorges du loup ces agnelets deffendre.

Leur loisir fut de faire une haye audevant
Des prosternés, et puis mettre l'espée au vent.
Bien que l'ennemy fust au double et davantage,
Au changer de gibier se fondit leur courage :
Ils s'estoient apprestés à fendre du cousteau
L'estamine, linomple, et la tendrette peau ;
Mais ils trouvent du fer, qui à peu de despence
Mit en piece le tout, horsmis un qui s'eslance
Dedans un arbre creux, eschappant de ce lieu
Pour effrayer les siens des merveilles de Dieu.
Mais je voy Navarrin : sa delivrance estrange
Faict sonner de Bearn une voix de louange :
Le haut ciel aujourd'huy a peint en ses pourpris
Dix mille hommes deffaicts, vingt et deux canons pris,
Une ville, un chasteau, dans l'effroy du desordre
Soubs trente cavalliers perdre l'honneur et l'ordre :
Un seul soleil esclaire à seize cens soldats
Qui, conduits d'un lyon, rendent tous ces combats.
Lusson, tu y es peint avec la troupe heureuse
Qui, dès le poinct du jour, chante victorieuse :
Tes cinq cents renfermez dans l'estroit de ce lieu
Paroissent à genoux levans les mains à Dieu.
Ils en rompent cinq mil choisis par excellence
Soubs les deux drappeaux blancs de Piedmont et de France.
 Ainsy voy-je un combat de plus de dix contre un,
Les Suisses vaincus de la main de Montbrun :
Montbrun, qui n'a reçeu du temps et de l'histoire
Que Cesar et François compagnons de victoire.

Encor ay-je laissé vers le Rhosne bruiant
Une ville assiegée et un camp s'enfuiant :
La fleur de l'Italie ayant quitté Sainct-Gille,
Là trois cents et les eaux en font perir six mille.
Qui voudra se sauver de l'Ægypte infidelle,
Conquerir Canaan et habiter en elle,
O tribus d'Israel, il faut marcher de rang,
Dedans le golfe rouge et dans la mer de sang ;
Et puis à reins troussés passer, grimper, habilles,
Les deserts sans humeurs et les rocs difficiles.
Le pillier du nuage à midi nous conduit,
La colomne de feu nous guidera la nuict.
Nous avons employé jusques icy noz carmes
Pour donner gloire à Dieu par le succès des armes,
Il prend sa gloire encor aux funestes pourtraicts,
Où les lyons, armez de foudres et de traicts,
De la ruse du siecle et salles perfidies,
Combattants sans party, se sont joué des vies.
Vous vistes opposer les couteaux aux couteaux ;
Voyez entre les dents des tygres les agneaux.
Dieu benit les vertus, comme Dieu des armées :
Les forces des meschants par force consumées.

    D'une autre part, au ciel, en spectacles nouveaux,
Luisoient les cruautez vives en leurs tableaux,
En tableaux eternels, affin que l'ire esmeüe
Du tout-puissant vainqueur fume par telle veüe :
Ce ne sont plus combats, le sang versé plus doux
Est d'odeur plus amere au celeste courroux.

On void au bout d'un rang une troupe fidelle
Qui oppose à la peur la pieté, le zelle,
Qui, au nez de Satan, voulant louer son Dieu,
Sacrifie en chantant sa vie au triste lieu
Où la bande meurtriere arrive impitoyable,
Farouche de regards et d'armes effroyable,
Deschire le troupeau qui, humble, ne deffend
Sa vie que de cris : l'un perce, l'autre fend
L'estomach et le cœur, et les mains et les testes,
Qui n'ont fer que le pleur, et boucliers que requestes.
Les autres de flambeaux embrazent en cent lieux
Le temple, à celle fin que les aveugles feux
Ne sentent la pitié des faces gemissantes
Qui troublent, sans changer, les ames palissantes.
Là mesme, on void flotter un fleuve dont le flanc
Du chrestien est la source, et le flot est le sang.
Un cardinal sanglant, les trompettes, les prestres,
Aux places de Vassi, et au haut des fenestres,
Attisent leur ouvrage, et, meurtriers de la voix,
Guettent les eschappez pour les montrer aux doigts.
Les grands, qui autrefois avoient gravé leurs gloires
Au dos de l'Espagnol, recerchent pour victoires
Les combats sans parti, recevans pour esbats
Des testes, jambes, bras, et des corps mis à bas;
Et de peur que les voix tremblantes, lamentables,
Ne tirent la pitié des cœurs impitoyables,
Comme au taureau d'airain du subtil Phalaris,
L'airain de la trompette oste l'air à leurs cris.

Après se void encor une grand troupe armée
Sur les agneaux de Dieu qui passe, envenimée,
La vieillesse, l'enfant et les femmes au fil
De leur acier trenchant : celuy est plus subtil,
Le plus loué de tous qui, sans changer de face,
Pousse le sang au vent avec meilleure grace,
Qui brise sans courroux la loi d'humanité,
L'on void dedans le sein de l'enfant transporté
Le poignard chaud qui sort des poulmons de la mere :
Le filz s'oppose au plomb, foudroyé pour le pere,
Donne l'ame pour l'ame, et ce traict d'amitié
Des brutaux impiteux est mocqué sans pitié.
Et toy, Sens insensé, tu appris à la Seine
Premier à s'engraisser de la substance humaine,
A faire sur les eaux un bastiment nouveau,
Presser un pont de corps, les premiers cheuts dans l'eau,
Les autres sur ceux-là. La Mort ingenieuse
Froissoit des tests les tests ; sa maniere doubteuse
Faisoit une dispute aux plaies du martyr
De l'eau qui veut entrer, du sang qui veut sortir.

   Agen se monstre là, puante, environnée
Des charongnes des siens, bien plustost estonnée
De voir l'air pestifere empoisonné de morts.
Qu'elle ne fut puante à estrangler les corps.

   Cahors y represente une insolente audace
D'un peuple desbauché, une nouvelle face
Des ruisseaux cramoisis, la pasle Mort courant,
Qui crie à despecher son foible demeurant.

Puis Satan, eschauffant la bestise civille
A fouler soubs les pieds tout l'honneur de la ville,
N'espargne le couteau sur ceux mesme des leur
Qui, malheureux, cuidoient moderer le malheur.
   Mais du tableau de Tours la marque plus hideuse
Effaçoit les premiers, auquel, impetueuse,
Couroit la multitude aux brutes cruautez
Dont les Scytes gelez feussent espouvantez.
Là, de l'œil tout-puissant brilla la claire veüe,
Pour remarquer la main et le couteau qui tüe.
C'est là qu'on void tirer d'un temple des faulz-bourgs
Trois cents liez, mi-morts, affamez par trois jours,
Puis delivrez ainsy, quand la bande bouchere
Les assomma, couplez, au bord de la riviere :
Là, les tragicques voix l'air sans pitié fendoient ;
Là, les enfans dans l'eau un escu se vendoient,
Arrachez aux marchands, mouroient sans connoissance
De noms, erreurs et temps, marque et differance.
Mais quel crime, avant vivre, ont-ils peu encourir?
C'est assez, pour mourir, que de pouvoir mourir :
Il faut faire gouster les coups de la tüerie
A ceux qui n'avoient pas encor gousté la vie.
Ainsy, bramans, tremblants, traisnez dessus le port
Du fleuve, et de leurs jours estallez à la mort,
Ils avisoient percer les tetins de leurs meres,
Embrassoient les genoux des tueurs de leurs peres ;
Leurs petits pieds fuioient le sang, non plus les eaux :
D'un *nanny*, d'un *jamais*, ils chantoient aux bourreaux

Que la verge, sans plus, supplice d'un tel aage,
Les devoit anoblir du sang et du carnage.
Des meres qu'on fendoit un enfant avorté
S'en alla sur les eaux, et sur elles porté,
Autant que les regards le pouvoient loing conduire,
Leva son bras au Ciel pour appaiser son ire.
Quelques-uns, par pitié, vont reperçant les corps
Où les esprits et cœurs ont des liens trop forts.
Ces fendans aiant faict rencontre d'un visage
Qui de trop de beautez affligeoit leur courage,
Un moins dur laissa cheoir son bras et puis son fer ;
Un autre le releve, et, tout plein de l'enfer,
Deffiant la pitié de pouvoir sur sa veüe,
Despouilla la beauté pour la deschirer nüe,
Prit plaisir à souiller la naifve couleur,
Voyant ternir en mort cette vive blancheur.
Les jeunes gens, repris autrefois de leur vice,
Fouilloient au ventre vif du chef de la justice
L'or qu'ils pensoient caché, comme on vid les Romains
Desmesler des Juifs les boyaux de leurs mains.

 Puis on void esclatter, montant cette riviere,
Un feu rouge qui peint Loire, autrefois si claire ;
L'eau d'Orleans devint un palais embrazé,
Par les cœurs attizez esprit et attizé.
Ils brisent leurs prisons et leurs loix violées,
Pour y faire perir les ames desolées
Des plus paisibles cœurs, qui cerchoient en prison
Logis pour ne se voir taschez de trahison,

Trouvant dedans les bras de la fausse justice
Pour autel de refuge autel de sacrifice.
Là, vous voyez jetter des eslevez crenaux
Par les meres les filz, guettez en des manteaux ;
L'arquebusier tirant celle qui prend envie
De laisser après soy une orpheline vie ;
Puis les piquiers bandez, tellement affustez
Qu'ils recevoient aux fers les corps precipitez.

 Tout ce que Loire, Seine, et la Garonne abbreuve,
Estoit par rang despeint comme va chaque fleuve ;
Cinquante effects pareils flamboyoient en leurs lieux,
Attirans jusqu'à soy par la suitte des yeux.
Le Rhosne n'est exempt, qui par sa fin nous guide
A juger quelle beste est un peuple sans bride.

 Je laisse à part un pont rempli de condamnez,
Un gouverneur, aiant ses amis festinez,
Qui leur donne plaisir de deux cents precipices.
Nous voyons de tels sauts représailles, justices.
En suivant, l'œil arrive où deux divers pourtraicts
Representent un peuple armé de divers traicts
Bandez pour deschirer, l'un Mouvant, l'autre Tende.
Il faut que la justice et l'un et l'autre rende
Aux ongles acharnés des affamez mutins.
Ceux-là veulent offrir leurs bergers aux mastins ;
Mais les chiens, respectans le cœur et les entrailles,
Furent, comme chrestiens, punis par ces canailles,
Qui, en plusieurs endroicts, ont rosty et masché,
Savouré, avallé telz cœurs en plain marché.

Les Tragiques. — T. II.

Si quelqu'un refusoit, c'estoit à son dommage
Qu'il n'estoit pas bien né pour estre antropophage.
   Point ne sont effacez, encor qu'ils soient plus vieux,
Les traits de Merindol et Cabrière en feux.
L'œil, suivant les desirs, aux montagnes s'eslongne
Qu'il voioit tapisser des beaux combats d'Angrongne :
   Il contemploit changer en lions les agneaux,
Quand celuy qui jadis fut pasteur des troupeaux,
De l'agneau faict lion, admiral admirable,
Sachant en autre part la suitte espouvantable
Des succez de sa mort, à ce poinct arriva
Que le troupeau ravy sur ses erres trouva.
Mais il leur fit quitter, pour venir à nos aages,
Tels spectacles entiers qui, d'image en images,
De pas en pas menoient les celestes bourgeois
A voir Zischa, Bohême, enfin les Albigeois.
Ils quittent à regret cette file infinie
Des merveilles de Dieu pour voir la tragedie
Qui efface le reste. Estans arrivé là,
De propheticque voix son ame ainsy parla :
« Venez voir comme Dieu chastia son Eglise,
Quand sur nous, non sur luy, la force fut assize ;
Quand, devenus prudents, la paix et nostre foy
Eurent pour fondements la promesse du Roy.
Il se monstra fidel en l'orde perfidie
De noz haineux, et fit, en nous ostant la vie,
Rester si abbatu et foible son troupeau,
Qu'en terre il ne trainoit que les os et la peau.

Nous voulions contraster du peuple les finesses,
Nous enfans du royaume, et Dieu mit noz sagesses
Comme folie au vent; encor l'homme obstiné,
Voiant tout ce qui est des hommes condamné
Et les effects du ciel loing de son esperance,
Ne peut jamais tirer du mortel sa fiance.
O humains insensez! ô folz entendements!
O decrets bien certains des divins jugements! »
    Telle resta l'Eglise, aux sangliers eschappée,
Que d'un champ tout foullé la face dissipée,
Dont les riches espics tout meurs et jaunissants
Languissent soubs les pieds des chevaux fracassans :
Ou bien ceux que le vent et la foule et la gresle
Ont haché à morceaux, paille et grain pesle-mesle.
Rien ne se peut sauver du millieu des sillons :
Mais bien quelques espics, levez des tourbillons
Dans les buissons plus forts, soubs qui la vive guerre
Que leur ont faicts les vents les a fichez en terre :
Ceux-cy, dessoubs l'abry de ces halliers espais,
Prennent vie en la mort, en la guerre la paix,
Se gardent au primtemps, puis leurs branches dressées,
Des tuteurs aubepins rudement caressées,
Font passer leurs espics par la fascheuse main
Des buissons ennemis, et parviennent en grain.
La branche qui s'oppose au passer de leurs testes
Les fache et les retient, mais les sauve des bestes.
C'est ainsy que seront gardez des inhumains,
Pour resemer l'Eglise encore quelques grains,

Armez d'afflictions, grains que les mains divines
Font naistre à la faveur des poignantes espines,
Moisson de grand espoir : car c'est moisson de Dieu
Qui la fera renaistre en son temps, en son lieu.
  Jà les vives splendeurs des diversitez peintes
Tiroient, à l'approcher, les yeux des ames sainctes;
L'aspect, en arrivant, plus fier apparoissoit,
L'esclattante lueur près de l'œil accroissoit.
Premierement, entroit en Paris l'infidelle
Une troupe funebre : on void au millieu d'elle
Deux princes, des chrestiens l'humain et foible espoir;
Pour presage et pour marque, ils se paroient de noir,
Sur le coup de poizon qui de la tragedie
Joüa l'acte premier, en arrachant la vie
A nostre Debora. Après est bien depeint
Le somptueux apprest, l'amas, l'appareil feint,
La pompe, les festins des doubles mariages
Qui desguisoient les cœurs et masquoient les visages.
La fluste qui joüa fut la publicque foy;
On pipa de la paix et d'amour de son roy,
Comme un pescheur, chasseur, ou oiseleur appelle,
Pour l'apas, le gaignage ou l'amour de femelle,
Soubs l'herbe, dans la nasse, aux cordes, aux gluaux,
Le poisson abusé, les bestes, les oiseaux.
  Voicy venir le jour, jour que les destinées
Voioient, à bas sourcils, glisser de deux années,
Le jour marqué de noir, le terme des appasts,
Qui voulut estre nuict, et tourner sur ses pas :

Jour qui avec horreur parmy les jours se conte,
Qui se marque de rouge et rougit de sa honte.
L'aube se veut lever, aube qui eut jadis
Son teinct brunet orné des fleurs de Paradis ;
Quand, par son treillis d'or, la rose cramoisie
Esclattoit, on disoit : « Voici ou vent, ou pluye. »
Cett' aube que la mort vient armer et coëffer
D'estincellans brasiers ou de tisons d'enfer,
Pour ne desmentir point son funeste visage,
Fit ses vents de souspirs, et de sang son orage ;
Elle tire en tremblant du monde le rideau :
Et le soleil, voyant le spectacle nouveau,
A regret esleva son pasle front des ondes
Transy de se mirer en nos larmes profondes,
D'y baigner ses rayons, ouy, le pasle soleil
Presta non le flambeau, mais la torche de l'œil :
Encor, pour n'y montrer le beau de son visage,
Tira le voile en l'air d'un lousche, espais nuage.
 Satan n'attendit pas son lever, car voicy,
Le front des spectateurs s'advise, à coup transy,
Qu'en paisible minuict, quand le repos de l'homme
Les labeurs et le soing en silence consomme,
Comme si du profond des esveillez enfers
Groüillassent tant de feux, de meurtriers et de fers,
La cité où jadis la loy fut reverée,
Qui, à cause de loix, fut jadis honorée,
Qui dispensoit en France et la vie et les droicts,
Où fleurissoient les arts, la mere de nos roys,

Vid et souffrit en soy la populace armée
Trepigner la justice, à ses pieds diffamée.
Des brutaux desbridés les monceaux herissez,
Des ouvriers mechanics les scadrons amassez
Diffament à leur gré trois mille cheres vies,
Tesmoings, juges et roys, et bourreaux et parties.
Icy les deux partis ne parlent que françois ;
Les chefs qui, redoubtez, avoient faict autrefois
Le marchand, delivré de la crainte d'Espagne,
Avoir libre au traffic la mer et la campagne,
Par qui les estrangers, tant de fois combattus,
Le roy deprisonné de peur de leurs vertus,
Qui avoient entamé les batailles rangées,
Qui n'avoient aux combats cœurs ni faces changées,
L'appuy des vrais François, des traistres la terrreur,
Moururent delaissez de force et non de cœur,
Ayant pour ceps leurs licts, detenteurs de leurs membres,
Pour geolier leur hoste et pour prisons leurs chambres,
Par les lievres fuiards, armez à millions,
Qui trembloient en tirant la main à ces lions,
De qui la main poltrone et la craintive audace
Ne les pouvoit, liez, tüer de bonne grace.
Dessoubs le nom du roy, parricide des loix,
On destruisoit les cœurs par qui les rois sont roys :
Le coquin possesseur de royalle puissance
Dans les fanges traînoit le senateur de France.
Tout riche estoit proscript ; il ne falloit qu'un mot
Pour vanger sa rancœur soubs le nom d'huguenot.

Des procès ennuieux fut la longueur finie :
La fille oste à la mere et le jour et la vie :
Là le frere sentit de son frere la main,
Le cousin esprouva pour bourreau son germain :
L'amitié fut sans fruict, la connoissance esteinte,
La bonne volonté utile comme feinte.
 D'un visage riant, nostre Caton tendoit
Nos yeux avec les siens et le bout de son doigt
A se voir transpercé ; puis il nous montra comme
On le coupe à morceaux ; sa teste court à Rome ;
Son corps sert de joüet aux badaux ameutez,
Donnant le bransle au cours des autres nouveautez.
La cloche qui marquoit les heures de justice,
Trompette des voleurs, ouvre aux forfaicts la lice :
Ce grand palais du droict fut contre droict choisy
Pour arborer au vent l'estendart cramoisy :
Guerre sans ennemy, où l'on ne trouve à fendre
Cuirasse que la peau ou la chemise tendre.
L'un se deffend de voix, l'autre assaut de la main :
L'un y porte le fer, l'autre y preste le sein :
Difficile à juger qui est le plus astorge,
L'un à bien esgorger, l'autre à tendre la gorge.
Tout pendart parle haut ; tout equitable craint,
Exhalte ce qu'il hait ; qui n'a crime le feint.
Il n'est garçon, enfant qui quelque sang n'espanche,
Pour n'estre veu honteux s'en aller la main blanche.
Les prisons, les palais, les chasteaux, les logis,
Les cabinetz sacrez, les chambres et les licts

Des princes, leur pouvoir, leur secret, leur sein mesme
Furent marquez des coups de la tüerie extreme.
Rien ne fut plus sacré quand on vid par le roy
Les autels violez, les pleiges de la foy.
Les princesses s'en vont de leurs licts, de leurs chambres,
D'horreur, non de pitié, pour ne toucher aux membres
Sanglants et detranchez que le tragicque jour
Mena cercher la vie au nid du faux amour.
Libithine marqua de ses couleurs son siege,
Comme le sang des faons rouille les dents du piege,
Ces licts, pieges fumans, non pas licts, mais tombeaux
Où l'Amour et la Mort troquerent de flambeaux.
Ce jour voulut monstrer au jour par telles choses
Quels sont les instruments, artifices et causes
Des grands arrests du Ciel. Or des-jà vous voyez
L'eau couverte d'humains, de blessez mi-noyez.
Bruiant contre ses bords, la detestable Seine,
Qui des poizons du siecle a ses deux chantiers pleine,
Tient plus de sang que d'eau ; son flot se rend caillé,
A tous les coups rompus, de nouveau resouillé
Par les precipitez : le premier monceau noye,
L'autre est tué par ceux que derniers on envoye :
Aux accidents meslez de l'estrange forfaict,
Le tranchant et les eaux debattent qui l'a faict.
Le pont, jadis construit pour le pain de sa ville,
Devint triste eschaffaut de la fureur civille ;
On void, à l'un des bouts, l'huis funeste choisi
Pour passage de mort, marqué de cramoisi ;

La funeste vallée, à tant d'agneaux meurtriere,
Pour jamais gardera le titre de Misere.
Et tes quatre bourreaux porteront sur leur front
Leur part de l'infamie et de l'horreur du pont,
Pont, qui eus pour ta part quatre cents precipices,
Seine veut engloutir, louve, tes edifices.
Une fatale nuict en demande huict cents,
Et veut aux criminels mesler les innocents.

 Qui marche au premier rang des hosties rangées ?
Qui prendra le devant des brebis esgarées ?

 Ton nom demeure vif, ton beau teinct est terny,
Piteuse, diligente et devote Yverny,
Hostesse à l'estranger, des pauvres ausmoniere,
Garde de l'hospital, des prisons tresoriere.
Point ne t'a cet habit de nonain garenty,
D'un patin incarnat trahy et dementi :
Car Dieu n'approuva pas que sa brebis d'eslite
Devestit le mondain pour vestir l'hypocrite ;
Et quand il veut tirer du sepulchre les siens,
Il ne veut rien de salle à conferer ses biens.

 Mais qu'est-ce que je voy ? Un chef qui s'entortille,
Par les volans cheveux, autour d'une cheville
Du pont tragicque, un mort qui semble encore beau,
Bien que pasle et transi demi caché en l'eau ;
Ses cheveux, arrestans le premier precipice,
Levent le front en haut, qui demande justice.
Non, ce n'est pas ce poinct que le corps suspendu,
Par un sort bien conduit, a deux jours attendu ;

C'est un sein bien aimé qui traîne encor en vie
Ce qu'attend l'autre sein pour chere compagnie.
Aussy voy-je mener le mary condamné,
Percé de trois poignards aussy tost qu'amené,
Et puis poussé en bas, où sa moitié pendüe
Reçeut l'aide de luy qu'elle avoit attendue :
Car ce corps en tombant des deux bras l'empougna,
Avec sa douce prise accouplé se baigna.
Trois cents, precipitez droict en la mesme place,
N'aiant peu recevoir ni donner cette grace,
Apprens, homme de sang, et ne t'efforce point
A des-unir le corps que le Ciel a conjoint.

Je voy le viel Rameau à la fertille branche,
Chappes, caducs, rougir leur perruque si blanche,
Briou, de pieté comme de poil tout blanc,
Son vieil col embrassé par un prince du sang,
Qui aux coups redoublez s'oppose en son enfance ;
On le perce au travers de si foible deffence :
C'estoit faire perir une nef dans le port,
Desrober le mestier à l'aage et à la mort.

Or, cependant qu'ainsy par la ville on travaille,
Le Louvre retentit, devient champ de bataille,
Sert après d'eschaffaut, quand fenestres, creneaux
Et terrasses servoient à contempler les eaux,
Si encores sont eaux. Les dames, mi-coëffées,
A plaire à leurs mignons s'essayent eschauffées,
Remarquent les meurtris, les membres, les beautez,
Bouffonnent sallement sur leurs infirmitez.

A l'heure que le Ciel fume de sang et d'ames,
Elles ne plaignent rien que les cheveux des dames :
C'est à qui aura lieu à marquer de plus près
Celles que l'on esgorge et que l'on jette après.
Les unes qu'ils forçoient avec mortelles poinctes
D'elles mesmes tomber, pensant avoir esteintes
Les ames quand et quand que, Dieu ne pouvant voir
Le martyre forcé, prendoit pour desespoir
Le cœur bien esperant. Nostre Sardanapale
Ridé, hideux, changeant, tantost feu, tantsost pasle,
Spectateur, par ses cris tous enrouez, servoit
De trompette aux maraux; le hasardeux avoit
Armé son lasche corps; sa valeur estonnée
Fut, au lieu de conseil, de putains entournée;
Ce roy, non juste roy, mais juste arquebusier,
Giboyoit aux passans trop tardifs à noyer,
Vantant ses coups heureux; il deteste, il renie,
Pour se faire vanter à telle compagnie.
On voioit par l'orchestre en tragicque saison
Des comicques Gnatons, des Taïs, un Trazon.
La mere avec son train hors du Louvre s'eslogne,
Veut jouir de ses fruicts, estimer la besongne.
Une de son troupeau trotte à cheval trahir
Ceux qui soubs son secret avoient pensé fuir.
En tel estat la cour, au jour d'esjouissance,
Se pourmeine au travers des entrailles de France
    Cependant que Neron amusoit les Romains,
Au theatre et au cirque à des spectacles vains,

Tels que ceux de Bayonne ou bien des Thuilleries,
De Bloys, de Bar-le-Duc, aux forts, aux mommeries,
Aux balets, carrousels, barrieres et combats,
De la guerre naissant les efforts, les esbats,
Il fit par boutte-feux Rome reduire en cendre :
Cet appetit brutal print plaisir à entendre
Les hurlemens divers des peuples affolez,
Rioit sur l'affligé, sur les cœurs desolez,
En attisant tousjours la braise mi-esteinte
Pour, sur les os cendreux, tyranniser sans crainte.
Quand les feux, non son cœur, furent saouls de malheurs,
Par les pleurs des martyrs il appaisa les pleurs
Des Romains abusez; car, de prisons remplies
Arrachant les chrestiens, il immola leurs vies,
Holocaustes nouveaux, pour offrir à ses Dieux
Les saincts expiateurs et causes de ses feux.
Les esbats coustumiers de ses après-disnées
Estoient à contempler les faces condamnées
Des chers tesmoings de Dieu, pour plaisirs consommez
Par les feux, par les dents des lyons affamez.
Ainsy l'embrazement des masures de France
Humilie le peuple, esleve l'arrogance
Du tyran : car au pris que l'impuissance naist,
Au pris peut-il pour loy prononcer : *Il me plaist.*
Le peuple n'a des yeux à son mal; il s'applicque
A nourrir son voleur en cerchant l'hereticque;
Il fait les vrais chrestiens, cause de peste et faim,
Changeant la terre en fer et le ciel en airain.

Ceux-là servent d'hosties, injustes sacrifices
Dont il faut expier de noz princes les vices,
Qui, fronçants en ce lieu l'espais de leurs sourcils,
Resistent aux souspirs de tant d'hommes transis :
Comme un Domitian, pourveu de telles armes,
Des Romains qui trembloient épouvantoit les larmes,
Devoyant la pitié, destournant autrepart
Les yeux à contempler son flamboiant regard.

 Charles tournoit en peur, par des regards semblables,
De noz princes captifs les regrets lamentables,
Tuoit l'espoir en eux, en leur faisant sentir
Que le front qui menace est loing du repentir.
Aux yeux des prisonniers, le fier changea de face,
Oubliant le desdain de sa fiere grimace,
Quand, après la sepmaine, il sauta de son lict.
Esveilla tous les siens, pour entendre à minuict
L'air abboyant de voix, de tel esclat de plaintes
Que le tyran, cuidant les fureurs non esteintes,
Et qu'après les trois jours pour le meurtre ordonnez,
Se seroient les felons encores mutinez,
Il despescha par tout inutiles deffences.
Il void que l'air seul est l'echo de ses offences,
Il tremble, il faict trembler par dix ou douze nuicts
Les cœurs des assistants quels qu'ils fussent, et puis
Le jour effraie l'œil quand l'insensé decouvre
Les courbeaux noircissants les pavillons du Louvre.

 Catherine, au cœur dur, par feinte s'esjouit,
La tendre Elisabeth tombe et s'esvanouit :

Du roy, jusqu'à la mort, la conscience immonde
Le ronge sur le soir, toute la nuict luy gronde,
Le jour siffle en serpent ; sa propre ame luy nuit,
Elle mesme se craint, elle d'elle s'enfuit.

 Toy, Prince, prisonnier, tesmoing de ces merveilles,
Tu as de tels discours enseigné noz oreilles ;
On a veu à la table, en public, tes cheveux
Herisser en contant tels accidents affreux.
Si un jour, oublieux, tu en perds la memoire,
Dieu s'en souviendra bien à ta honte, à sa gloire.
L'homme ne fut plus homme, ains le signe plus grand
D'un excez sans mesure apparut quant et quant :
Car il ne fut permis aux yeux forcez du pere
De pleurer sur son filz ; sans parolle, la mere
Voyoit traisner le fruict de son ventre et son cœur ;
La plainte fut sa voix, muette la douleur.
L'espion attentif, redoublé, prenoit garde
Sur celuy qui, d'un œil moins furieux, regarde,
L'oreille de la mousche espie en tous endroicts
Si quelque bouche preste à son ame la voix.
Si quelqu'un va cercher en la barge commune
Son mort, pour son tesmoing il ne prend que la lune.
Aussy bien au clair jour ces membres destranchez
Ne se dicernent plus, fidellement cerchez.
Que si la tendre fille ou bien l'espouse tendre
Cerchent pere ou mary, crainte de se mesprendre,
En tirent un semblable, et puis disent : « Je tien,
Je baise mon espoux, ou du moins un chrestien. »

Ce fut crime sur tout de donner sepulture
Aux repoussez des eaux, somme que la nature,
Le sang, le sens, l'honneur, la loy d'humanité,
L'amitié, le debvoir et la proximité,
Tout esprit et pitié delaissez par la crainte
Virent l'ame immortelle à cette fois esteinte.
   A ce luisant patron, au grand commandement
Pressé par les Amans, porté legerement,
Mille folles citez, à faces desguisées,
Se trouvent aussy tost à tuer embrazées.
Le mesme jour esmeut à mesmes choses Meaux
Qui, pour se delecter de quelques traicts nouveaux,
Parmy six cent noiez, victimes immolées,
Vit au pas de la mort vingt femmes violées.
   On void Loire, inconneu tout farouche, laver
Les pieds d'une cité qui venoit d'achever
Seize cent poignardez, attachez à douzaines ;
Le palais d'Orleans en vid les salles pleines
Dont l'amas fit une isle, une chaussée, un mont,
Lequel fit refouller le fleuve contremont,
Et dessus et dessoubs ; et les mains et les villes
Qui n'avoient pas trempé dans les guerres civilles
Troublent à cette fois Loire d'un teinct nouveau,
Chacun aiant gagné dans ce rang un tableau.
   Lion, tous les lions reffuserent l'office ;
Le vil executeur de la haute justice,
Le soldat, l'estranger, les braves garnisons
Dirent que leur valeur ne s'exerce aux prisons ;

Quand les bras et les mains, les ongles detesterent
D'estre les instruments qui la peau dechirerent,
Ton ventre te donna dequoy percer ton flanc,
L'ordure des boyaux se creva dans ton sang.

Voilà Tournon, Viviers et Vienne et Valance
Poussant avec terreur de Lyon l'insolence,
Troublez de mille corps qu'ils eslongnent; et puis
Arles, qui n'a chez soy ne fontaines ne puits,
Souffrit mourir de soif, quand du sang le passage
Dix jours leur deffendit du Rhosne le breuvage.
Icy, l'ange troisiesme espandit à son rang
Au Rhosne sa phiole, et ce fleuve fut sang.
Icy, l'ange des eaux cria : « Dieu qu'on adore,
Qui es, qui as esté et qui seras encore,
Icy tu as le droict pour tes saincts exercé,
Versant du sang à boire à ceux qui l'ont versé. »

Seine le rencherit; ses deux cornes distantes
Ne souffrirent leurs gents demeurer innocentes;
Troye d'un bout, Roüan de l'autre, se font voir
Qui ouvrent leurs prisons pour un funeste espoir,
Et puis, par divers jours et par le roolle, ils nomment
Huict cent testes qu'en ordre et desordre ils assomment.

Thoulouse y adjousta la foy du Parlement,
Fit crier la seurté, pour plus desloyaument
Conserver le renom de Royne des cruelles.

Mais tant d'autres citez jusques alors pucelles,
De qui l'air ou les arts amolissent les cœurs,
De qui la mort bannie hayssoit les douceurs,

N'ont en fin resisté aux dures influences
Qui leur donnent le bransle aux communes cadences.
 Angers, tu l'as senti ; mere des escoliers,
Tu l'as senti, courtois et delicat Poictiers ;
Favorable Bourdeaux, le nom de favorable
Se perdit en suivant l'exemple abominable.
 Dax suivit mesme jeu. Leurs voisins belliqueux
Prirent autre patron et autre exemple qu'eux.
Tu as (dis-tu) soldats, et non bourreaux, Bayonne ;
Tu as de liberté emporté la couronne,
Couronne de douceur, qui, en si dur meschef,
De cloux de diamants est ferme sur ton chef.
 Où voulez-vous, mes yeux, courir ville après ville,
Pour descrire des morts jusques à trente mille ?
Quels mots trouverez-vous, quel style, pour nommer
Tant de flots renaissans de l'impiteuse mer ?
Œil, qui as leu ces traicts, si tu escoute, oreille,
Encor un peu d'haleine à sçavoir la merveille
De ceux que Dieu tira des ombres du tombeau.
Nous changeons de propos. Voy encor ce tableau
De Bourges : on y connoist la brigade constante
De quelques citoyens, bien contez pour quarante,
Et recontez après, affin qu'il n'arrivast
Que par mesgarde aucun condamné se sauvast.
Au naistre du soleil, un à un on les tüe ;
On les met cinq à cinq, exposez à la veüe
Du transy magistrat. Le conte, bien trouvé,
Acertena la mort que rien n'estoit sauvé.

Les Tragiques. — T. II.

Cette injuste justice, au tiers jours amassée,
Oit le son estouffé, la voix triste et cassée
D'un gosier languissant. Ceux qui, par plusieurs fois,
Cerchèrent, curieux, d'où partoit cette voix,
Descouvrent à la fin qu'un viellard, plein d'envie
D'alonger les travaux, les peines et la vie,
S'estoit precipité dans un profond pertuis.
La faim fit resonner l'abysme de son puits,
Estant un des bouchers despesché en sa place.
Ces juges contemploient avec craintive face
Du siecle un vray pourtraict, du malheur un miroir ;
Il luy donne du pain, pour en luy faire voir
Comment Dieu met la vie au peril plus extreme,
Parmy les os et nerfs de la mort pasle et blesme,
Releve l'estonné, affoiblit le plus fort,
Pour donner au meurtrier, par son couteau, la mort.

 Caumont, qui à douze ans eus ton pere et ton frere
Pour cuirasse pesante, appren ce qu'il faut faire,
Quel prince t'a tiré, quel bras fut ton secours :
Tes pere et freres sont dessus toy tous les jours.
Nature vous forma d'une mesme substance,
La mort vous assembla comme fit la naissance,
Cousu, mort avec eux et vif, tu as de quoy
Tes compagnons de mort faire vivre par toy.
Ton sein est pour jamais teinct du sang de tes proches,
Dieu t'a sauvé par grace, ou bien c'est pour reproches :
Grace, en mettant pour luy l'esprit qui t'a remis ;
Reproche, en te faisant serf de tes ennemis.

De pareille façon on void couché en terre
Celuy qu'en trente lieux son ennemy enferre :
Une troupe y accourt, dont chacun fut lassé
De repercer encor le sein des-jà percé ;
Puis l'ennemy retourne et, couché face à face,
Il met de son poignard la poincte sur la place
Où il juge le cœur ; en redoublant trois fois
Du gosier blasphemant luy sortit cette voix :
« Va t'en dire à ton Dieu qu'il te sauve à cette heure. »
Mais, homme, tu mentis, car il faut que tu meure
De la main du meurtry : certes le Dieu vivant
Pour ame luy donna de sa bouche le vent ;
Et cette voix qui Dieu et sa force deffie
Donne mort au meurtrier et au meurtry la vie.

Voicy, de peur d'Achas, un prophete caché
En un lieu hors d'accez, en vain trois jours cerché.
Une poulle le treuve, et, sans fallir, prend cure
De pondre dans sa main trois jours de nourriture.
O chrestiens fugitifs, redoubtez-vous la faim ?
Le pain est don de Dieu, qui sçait nourrir sans pain :
Sa main despeschera commissaires de vie,
La poulle de Merlin ou les corbeaux d'Helie.

Reniers eut tel secours et vid un corbeau tel,
Quand Vessin furieux, son ennemy mortel,
Luy fit de deux cents lieues escorte et compagnie ;
Il attendoit la mort dont il reçeut la vie,
N'aiant, tout le chemin, ni propos ni devis
Sinon, au separer, ce magnificque advis :

« Je te reprocheray, Reniers, mon assistance
Si du faict de Paris tu ne prens la vengeance. »

 Moy, qui rallies ainsy les eschappez de mort,
Pour prester voix et mains au Dieu de leur support,
Qui chante à l'advenir leurs frayeurs et leurs peines,
Et puis leurs libertez, me tairay-je des miennes ?

 Parmy ces apres temps, l'esprit, ayant laissé
Aux assassins mon corps en divers lieux percé,
Par l'ange consolant mes ameres blessures,
Bien qu'impur, fut mené dans les regions pures.
Sept heures luy parut le celeste pourpris
Pour voir les beaux secrets et tableaux que j'escris :
Soit qu'un songe au matin m'ait donné ces images,
Soit qu'en la pamoison l'esprit fit ces voyages,
Ne t'enquiers (mon lecteur) comment il vid et fit,
Mais donne gloire à Dieu en faisant ton profit ;
Et cependant qu'en luy, extaticq, je me pasme,
Tourne à bien les chaleurs de mon enthousiasme.

 Doncques, le front tourné vers le Midi ardent,
Paroissoient du zenith, panchant vers l'Occident,
Les spectacles passez qui tournoient sur la droicte.
Ce qui est audevant est cela qui s'exploicte.
Là esclattent encor cent pourtraicts eslongnez,
Où se montrent les filz du siecle embesognez :
On voit qu'en plusieurs lieux les bourreaux refuserent
Ce que bourgeois, voisins et parents acheverent.
L'esprit, lassé par force, advisa le monceau
Des chrestiens condamnez, qui (nuds jusqu'à la peau)

Attendent par deux jours quelque main ennemie
Pour leur venir oster la faim avec la vie.
Puis, voicy arriver secours aux enfermez :
Les bouchers, aux bras nuds, au sang accoustumez,
Armez de leurs couteaux qui apprestent les bestes,
Et ne font qu'un corps mort de bien quatre cent testes.

   Les temples des Baalims estoient remplis de cris
De ceux de qui les corps, comme vuides d'esprits,
Vivans d'un seul sentir, par force, par paroles,
Par menaces, par coups s'inclinoient aux idoles ;
Et, à pas regrettez, les infirmes de cœur,
Pour la peur des humains de Dieu perdoient la peur.
Ces desolez, transis par une aveugle envie
D'un vivre malheureux, quittoient l'heureuse vie,
La pluspart preparans, en se faisant ce tort,
Les ames à la gehenne et les corps à la mort,
Quand Dieu juste permit que ces piteux exemples
N'allongeassent leurs jours que sur le seuil des temples.
Non pourtant que son œil de pitié fust osté,
Que le Sainct-Esprit fust blessé d'infirmité :
Sa grace y mit la main. Tels estoient les visages
Des jugements à terme, accomplis en noz aages.

   A la gauche du ciel, au lieu de ses tableaux,
Esblouissent les yeux les astres clairs et beaux,
Infinis millions de brillantes estoilles
Que les vapeurs d'en bas n'offusquent de leurs voiles.
En lignes, poincts et ronds, parfaicts ou imparfaicts,
Font ce que nous lisons après dans les effects.

L'ange m'en faict leçon (disant) : « Voilà les restes
Des hauts secrets du ciel : là les bourgeois celestes
Ne lisent qu'aux rayons de la face de Dieu ;
C'est de tout l'advenir le registre, le lieu
Où la harpe royalle estoit lors eslevée
Qu'elle en sonna ces mots : *Pour jamais engravée*
Est dedans le haut ciel que tu creas jadis
La vraye eternité de tout ce que tu dis.
C'est le registre sainct des actions secrettes,
Fermé d'autant de sceaux qu'il y a de planettes.
Le prophete domteur des lyons indomptés
Le nomme en ses escrits l'escrit de verités.
Tout y est bien marqué, nul humain ne l'explicque.
Ce livre n'est ouvert qu'à la trouppe angelicque,
Puis aux esleus de Dieu, quand en perfection
L'ame et son corps goustront la resurrection.
Cependant ces pourtraicts leur mettent en presence
Les biens et maux presents de leur très-chere engeance. »
Je romps pour demander : « Quoy ! les resussitez
Pourront-ils discerner de leurs proximitez
Les visages, les noms, se souvenans encore
De ceux-là que la mort, oublieuse, devore ? »
L'Ange respond : « L'estat de la perfection
Ravit à l'Eternel toute l'affection :
Mais puis qu'ils sont parfaicts en leur comble, faut croire
Parfaicte connoissance et parfaicte memoire.
Cependant sur le poinct de ton heureux retour,
Esprit, qui as de Dieu eu le zele et l'amour,

Vois-tu ce rang si beau de luisants caracteres?
C'est le cours merveilleux des succez de tes freres.
　« Voilà un camp maudit, à son malheur planté,
Aux bords de l'Ocean, abbayant la cité,
La saincte Bethulie, aux agnelets deffence,
Des petits le bouclier, des hautains la vengeance.
Là finissent leurs jours, l'espoir et les fureurs,
Tués, mais non au lict, vingt mille massacreurs.
Dieu fit marcher, voulant delivrer sans armée
La Rochelle poudreuse et Sancerre affamée,
Les visages nouveaux des Sarmates razez
Secourables aux bons, pour eux mal advisez.
Que voy-je? L'Ocean, à la face inconnüe,
Qui, en contrefaisant la nourriciere nüe,
D'où le desert blanchit par les celestes dons
Veut blanchir le rivage abrié de sourdons.
Dites, physiciens, qui faictes Dieu nature,
Comment la mer, n'aiant mis cette nourriture
Dans ce havre jamais, trouva ce nouveau pain
Au poinct que dans le siege entroit la pasle faim?
Et pourquoi cette manne et pasture nouvelle,
Quand la faim s'en alla, s'enfuit avec elle?
Le ciel prend à plaisir, Rochelois, vos tableaux,
Memoire du miracle, et en faict de plus beaux.
　« Vois-tu dessoubs noz pieds une flamme si nette,
Une estoille sans nom, sans cheveux un comette,
Phanal sur le Bethleem, mais funeste flambeau
Qui meine par le sang Charle-Herode au tombeau.

Jezabel par poizons et par prisons besongne
Pour sur le throsne voir le fuitif de Polongne :
Il trouve, à son retour, non des agneaux craintifs,
Mais des lyons trompez, retraitte aux fugitifs.
 « De la mer du midy et des Alpes encore,
L'esprit va resveiller qui en esprit adore
Aux costeaux de la Clergue, aux Pirènes gelez,
Aux Sevennes d'Auvergne : en voylà d'appellez.
Les cailloux et les rocs prenent et forme et vie,
Pour guerroyer de Dieu la lignée ennemie,
Pour estre d'Abraham tige continuel,
Et relever sur pieds l'enseigne d'Israël ;
Conduits par les bergers, destituez de princes,
Partagent par moitié du regne les provinces,
Contre la vanité les filz des vanitez
S'arment ; leurs confidents par eux sont tourmentez.
 « Je voy l'amas des rois et conseillers de terre
Qui changent une paix au progrez d'une guerre,
Un roy mangeant l'hostie et l'idolle, en jurant
D'achever des chrestiens le foible demeurant,
Ni espargner le sang du peuple ni la vie,
Les promesses, les voix, la foy, la perfidie.
 « François, mauvais François, de l'affligé troupeau
Se faict le conducteur, et puis, traistre et bourreau,
Porte au septentrion ses infidelles trames ;
Vaincu par les agneaux, il engage les ames,
Complices des autheurs de ses desseins pervers,
A paver en un jour de charongnes Anvers :

Car Dieu faict tout mentir, menaces et injures ;
Tant de subtils conseils font tous ces roys parjures,
Frappez d'estonnement, et bien punis dequoy
Ils ont mis en mespris la parolle et la foy.
Par la force il les rend perfides à eux-mesmes ;
Le vent fit un joüet de leurs braves blasphemes.
 « Voilà vers le midy trois rois en pieces mis,
Les ennemis de Dieu pris par ses ennemis.
Le venin de la cour, préparé, s'achemine,
Pour mener à Sanson Dalila Philistine.
 « Un roy, cerchant secours parmy les serfs, n'a rien
Que pour rendre vainqueur le grand Iberien :
Celuy-là prend de l'or, en faict une semence
Qui contre les François reconjure la France ;
Ses peuples tost après contre luy conjurez,
Par contraintes vertus vengez et delivrez.
Celuy qui de regner sur le monde machine
S'engraisse par les poux, curée à la vermine.
 « Voy deux camps, dont l'un prie et souspire en s'armant,
L'autre, presomptueux, menace en blasphemant.
O Coutras ! combien tost cette petite pleine
Est de cinq mille morts et de vengeance plaine !
 « Voicy Paris armé soubs les loix du Guysard ;
Il chasse de sa cour l'hypocrite renard,
Qui tire son chasseur après en sa tasniere.
Les noyeurs n'ont tombeau que la trouble riviere,
Les maistres des tueurs perissent de poignards,
Les suppostz des bruslans par les brusleurs sont ards

Loire, qui fut bourelle, aura le soing de rendre
Les brins esparpillez de leur infame cendre.
Aussy tost leur boucher, de ses bouchers pressé,
Des proscripts secouru, se void des siens laissé ;
Son procureur, jadis des martyrs la partie,
Procure et meine au roy le trancheur de sa vie,
Au mois, jour et logis, à la chambre et au lieu
Où à mort il jugea la famille de Dieu.
Faict gibier d'un cagot, vilain porte-besace,
Il quitte au condamné ses fardeaux et sa place.

« Arques n'est oublié, ny le succez d'Yvry.
Connois par qui tu fus victorieux, Henry ;
Tout ploye sous ton heur, mais il est predit comme
Ce qu'on debvoit à Dieu fut pour le Dieu de Rome.

« Paris, tu es reduitte à digerer l'humain ;
Trois cent mille des tiens perissent par la faim
Dans le tour de dix lieües, qu'à chaque paix frivolle
Tu donnois pour limitte au pain de la parolle.

« Si tu pouvois connoistre, ainsy que je connois,
Combien je voy lier de princes et de roys,
Par les venins subtils de la bande hypocrite,
Par l'arsenic qu'espand l'engeance loyolite !
O Suede ! o Mosco ! Polongne, Austriche, helas !
Quels changements, premier que vous en soiez las !

« Que te diray-je plus ? Ces estoilles obscures
Escrivent à regret les choses plus impures.
O qu'après long travail, long repos, longue nuict,
La lassitude en France et à ses bords produit !

Que te profitera, mon enfant, que tu voye
Quelque peu de fumée au fond de la Savoye,
Un sursaut de Geneve, un catharreux sommeil,
Venise voir du jour une aube sans soleil?
Quoy plus? La main de Dieu, douce, docte, et puis rude,
A parfaire trente ans l'entiere ingratitude,
Et puis à la punir : ô funestes appresls !
Flambeau laissant esteint ne void rien de plus près.
 « Tu verrois bien encor, après un tour de sphere,
Un double deuil forcé, le filz de l'adultere,
Berceau, tombeau, captifs, gouster tout et vomir,
Albion, degenerée, endormie endormir,
Perdre les siens, et faire aux assassins la planche,
Perir tant de citez, et sur toutes la blanche ;
Les Bataves après un faux pas relever ;
Les Germains atterés, et leur reste sauver :
Ceux-là trouvent en soy l'abandonné remede :
Voy en Septentrion l'orient de Suede ;
On tire d'Occident au lieu des morts les biens ;
Un grand roy du Midy dechassé par les siens ;
Vers l'Inde, une grandeur qui en naissant renverse
Celle des Ottomans, du Tartare et du Perse :
Voiez prendre, et coëffer au Cerbere d'enfer
De fer le caducée et la mitre de fer.
Lors la porque Italie à son rang fume et souffre
L'odeur qui luy faschoit de la mitre et du souphre,
Et l'Europe d'un coup peut porter et armer
Trente armées sur terre et sept dessus la mer.

Voy de Hierusalem la nation remise,
L'antechrist abbatu, en triomphe l'Eglise.
Holà ! car le grand juge en son throsne est assis
Si tost que l'aere joinct à nos mille trois six.
 « Retourne à ta moitié, n'attache plus ta veüe
Au loisir de l'Eglise, au repos de Capüe.
Il te faut retourner satisfaict en ton lieu,
Employer ton bras droict aux vengeances de Dieu.
Exerce tout le jour ton fer et ton courage,
Et ta plume de nuict, que jamais autre ouvrage,
Bien que plus delicat, ne te semble plaisant
Au prix des hauts secrets du firmament luisant.
Ne chante que de Dieu, n'oubliant que luy-mesme
T'a retiré : voilà ton corps sanglant et blesme,
Recueilly à Thalcy, sur une table, seul,
A qui on a donné pour suaire un linceul.
Rapporte-luy la vie en l'amour naturelle
Que, son masle, tu dois porter à ta femelle.
 Tu m'as montré, ô Dieu, que celuy qui te sert
Sauve sa vie alors que pour toy il la perd.
Ta main m'a delivré, je te sacre la mienne ;
Je remets en ton sein cette ame qui est tienne :
Tu m'as donné la voix, je te loueray, mon Dieu !
Je chanteray ton los et ta force, au millieu
De tes sacrez parvis ; je feray tes merveilles,
Ta deffence et tes coups retentir aux oreilles
Des princes de la terre, et si le peuple bas
Sçaura par moy comment les tyrans tu abbats.

Mais, premier que d'entrer au prevoir et descrire
Tes derniers jugements, les arrests de ton ire,
Il faut faire une pause et finir ce discours
Par une vision qui couronne ses jours,
L'esprit aiant encor congé, par son extase,
De ne suivre, escrivant, du vulgaire la phrase.
 L'Occean donc estoit tranquille et sommeillant
Au bout du sein breton, qui s'enfle en recueillant
Tous les fleuves françois, la tournoyante Seine,
La Gironde, Charente et Loire, et la Vilaine.
Ce vieillard refoulloit ses cheveux gris et blonds
Sur un lict relevé dans son paisible fonds,
Marqueté de coral et d'unions exquises,
Les sachets d'ambre gris dessoubs ses tresses grises.
Les vents les plus discrets luy chatouilloient le dos ;
Les lymphes, de leurs mains, avoient faict ce repos,
La paillasse de mousse et le matras d'esponge :
Mais ce profond sommeil fut resveillé d'un songe ;
La lame de la mer estant comme du laict,
Les nids des alcyons y nageoient à souhait :
Entre les flots sallez, et les ondes de terre
S'esmeut par accidens une subtile guerre :
Le dormant pense ouïr un contraste de vents
Qui, du bout de la mer jusqu'aux sables mouvants,
Troubloient tout son royaume et, sans qu'il y consente,
Vouloient à son deçeut ordonner la tourmente.
« Comment, dit le vieillard, l'air volage et leger
Ne sera-il jamais lassé de m'outrager,

De ravager ainsy mes provinces profondes ?
Les ondes font les vents, comme les vents les ondes,
Ou bien l'air pour le moins ne s'anime en fureurs
Sans le consentement des corps supérieurs :
Je pousse les vapeurs, causes de la tourmente,
L'air soit content de l'air, l'eau de l'eau est contente. »
  Le songe le trompoit, comme quand nous voions
Un soldat s'affuster, aussytost nous oyons
Le bruict d'une fenestre ou celuy d'une porte,
Quand l'esprit va devant les sens : en mesme sorte
Le songeur print les sons de ces flots mutinez
Encontre d'autres flots, jappans, enfellonnez
Pour le trouble de l'air et le bruit de tempeste,
Il esleve en frottant sa venerable teste,
Premier un fer poinctu paroist, et puis le front,
Ses cheveux regrissez par sa colere en rond,
Deux testes de dauphins et les deux balais sortent
Qui nagent à fleur d'eau et sur leur dos le portent :
Il trouva cas nouveau, lorsque son poil tout blanc
Ensanglanta sa main ; puis, voyant à son flanc
Que l'onde refuiant laissoit sa peau rougie :
« A moy ! (dit-il) à moi ! pour me charger d'envie.
A moy, qui dans mon sein ne souffre pas les morts,
La charongne, l'ordure, ains la jette à mes bords :
Bastardes de la terre, et non filles des nuës,
Fiebvres de la nature, allons, testes cornuës
De mes beliers armez, repoussez-les, heurtez,
Qu'ils s'en aillent ailleurs purger leurs cruautez. »

LES FERS

Ainsy la mer alloit, faisant changer de course
Des gros fleuves amont vers la coulpable source
D'où sortoit par leurs bords un deluge de sang,
A la teste des siens : l'Occean au chef blanc,
Vid les cieux s'entr'ouvrir, et les anges à troupes
Fondre de l'air en bas ayants en main des coupes
De precieux rubis qui plongez dedans l'eau,
En chantant rapportoient quelque present nouveau.
Ces messagers aislez, ces anges de lumière
Tiroient le sang meurtri d'avec l'onde meurtriere,
Dans leurs vases remplis, qui prenoient, heureux, lieu
Aux plus beaux cabinets du palais du grand Dieu :
Le soleil, qui avoit mis un espais nuage
Entre le vilain meurtre et son plaisant visage,
Ores de chauds rayons exhale à soy le sang,
Qu'il faut qu'en rouge pluie il renvoye à son rang.
L'Occean, du soleil et du troupeau qui vole
Ayant prins sa leçon, change advis et parolle.
« Venez, enfants du ciel (s'escria le vieillard),
Heritiers du royaume à qui le ciel despart
Son champ pour cimetiere : o saincts que je repousse !
Pour vous, non contre vous, juste, je me courrouce. »
Il s'avance dans Loire, il rencontre les bords,
Les sablons cramoisis, bien tapissez de morts.
Curieux, il assemble, il enleve, il endure
Cette chere despouille, au rebours de nature.
Ayant tout arrangé, il tourne, avec les yeux
Et le front serené, ces parolles aux cieux :

« Je garderay ceux-cy, tant que Dieu me commande
Que les filz du bonheur à leur bonheur je rende ;
Il n'i a rien d'infect, ils sont purs, ils sont nets :
Voici les parements de mes beaux cabinets :
Terre qui les trahis, tu estois trop impure
Pour des saincts et des purs estre la sepulture. »
 A tant il plonge au fond, l'eau rid en mille rais,
Puis, aiant faict cent ronds, crache le sable après.
 Ha ! que noz cruautez fussent ensevelies
Dans le centre du monde ! Ha ! que noz ordes vies
N'eussent empuanty le nez de l'estranger !
Parmy les estrangers nous irions sans danger,
L'œil gay, la face haute, d'une brave asseurance
Nous porterions au front l'honneur ancien de France.
 Estrangers irritez, à qui sont les François
Abomination, pour Dieu, faictes le choix
De celuy qu'on trahit et de celuy qui tuë ;
Ne caressez chez vous d'une pareille veuë
Le chien fidel et doux et le chien enragé,
L'atheiste affligeant, le chrestien affligé.
Nous sommes pleins de sang, l'un en perd, l'autre en tire,
L'un est persecuteur, l'autre endure martyre :
Regardez qui reçoit ou qui donne le coup ;
Ne criez sur l'agneau, quand vous criez au loup.
Venez, justes vengeurs, vienne toute la terre,
A ces Caïns françois, d'une mortelle guerre,
Redemander le sang de leurs freres occis :
Qu'ils soient connus par tout aux visages transis ;

Que l’œil lousche, tremblant, que la grace estonnée
Par tout produise en l’air leur ame empoizonnée.
   Estourdis, qui pensez que Dieu n’est rigoureux,
Qu’il ne sçait foudroyer que sur les langoureux,
Respirez d’une pause, en souspirant pour suivre
La rude catastrophe et la fin de mon livre.
Les fers sont mis au vent, venez sçavoir comment
L’Eternel faict à point vengeance et jugement :
Vous sçaurez que toujours son ire ne sommeille,
Vous le verrez debout pour rendre la pareille,
Chastier de vervaine ou punir par le fer
Et la race du ciel et celle de l’enfer.

VENGEANCES

LIVRE SIXIÈME

VENGEANCES

Ouvre tes grands thresors, ouvre ton sanctuaire,
Ame de tout, soleil, qui aux astres esclaire;
Ouvre ton temple sainct à moi, Seigneur, qui veux
Ton sacré, ton secret enfumer de mes vœux :
Si je n'ay or ne myrrhe à faire mon offrande,
Je t'apporte du laict; ta douceur est si grande
Que de mesme œil et cœur tu vois et tu reçois
Des bergers le doux laict et la myrrhe des rois.
Sur l'autel des chetifs ton feu pourra descendre,
Pour y mettre le bois et l'holocauste en cendre,
Tournant le dos aux grands, sans oreilles, sans yeux
A leurs cris esclattans, à leurs dons précieux.

Or soient du ciel riant les beautez descouvertes,
Et à l'humble craintif ces grands portes ouvertes :
Comme tu as promis, donne, en ces derniers ans,
Songes à nos vieillards, visions aux enfans.
Faicts paroistre aux petits les choses inconnües,
Du vent de ton esprit trousse les noires nües,
Raviz-nous de la terre aux beaux pourpris des cieux,
Commençant de donner autre vie, autres yeux
A l'aveugle mortel : car sa masse mortelle
Ne pourroit vivre et voir une lumiere telle.
 Il faut estre vieillard, caduc, humilié,
A demi-mort au monde, à lui mortifié,
Que l'ame recommance à retrouver sa vie,
Sentant par tous endroicts sa maison demolie ;
Que ce corps ruïné de bresches en tous lieux,
Laisse voler l'esprit dans le chemin des cieux,
Quitter jeunesse et jeux, le monde et ses mensonges,
Le vent, la vanité, pour songer ces beaux songes.
Or je suis un enfant, sans aage et sans raison,
Ou ma raison se sent de la neufve prison ;
Le mal bourgeonne en moy, en moy fleurit le vice,
Un primtemps de pechés, espineux de malice :
Change-moy, refay-moy, exerce ta pitié,
Rend-moy mort en ce monde, oste la mauvaistié
Qui possede à son gré ma jeunesse premiere,
Lors je songeray songe et verray ta lumiere.
 Puis il faut estre enfant pour voir des visions,
Naistre et renaistre après, net de pollutions ;

Ne sçavoir qu'un sçavoir, ce sçavoir sans science
Pour consacrer à Dieu ses mains en innocence;
Il faut à ses yeux clairs estre net pur et blanc,
N'avoir tache d'orgueil, de rapine et de sang :
Car nul n'heritera les hauts cieux desirables
Que ceux-là qui seront à ces petits semblables,
Sans fiel et sans venin; donc, qui sera-ce, ô Dieu,
Qui en des lieux si laids tiendra un si beau lieu ?
Les enfants de ce siecle ont Satan pour nourrice,
On berce en leurs berceaux les enfants et le vice,
Nos meres ont du vice avec nous accouché,
Et en nous concevant ont conceu le peché.

   Que si d'entre les morts, pere, tu as envie
De m'esveiller, il faut mettre à bas l'autre vie,
Par la mort d'un exil, fay-moy revivre à toy;
Separé des meschants, separe-moy de moy;
D'un sainct enthousiasme appelle au ciel mon ame,
Mets au lieu de ma langue une langue de flamme.
Que je ne sois qu'organe à la celeste voix
Qui l'oreille et le cœur anime des François :
Qu'il n'y ait sourd rocher qui entre les deux poles
N'entende clairement magnificques parolles
Du nom de Dieu; i'escris à ce nom triomphant
Les songes d'un vieillard, les fureurs d'un enfant.
L'esprit de verité despouille de mensonges
Ces fermes visions, ces veritables songes :
Que le haut ciel s'accorde en douces unissons
A la saincte fureur de mes vives chansons.

Quand Dieu frappe l'oreille, et l'oreille n'est preste
D'aller toucher au cœur, Dieu nous frappe la teste :
Qui ne fremit aux sons des tonnerres grondans
Fremira quelque jour d'un grincement de dents.
 Icy le vain lecteur des-jà en l'air s'esgare ;
L'esprit mal preparé, fantastic, se prepare
A voir quelques discours de monstres inventez,
Un spectre imaginé aux diverses clartez
Qu'un nuage conçoit, quand un rayon le touche
Du soleil cramoisy, qui bizarre se couche :
Ou bien il cuide icy rassasier son cœur
D'une vaine caballe ; et ces esprits d'erreur
Icy ne saouleront l'ignorance maligne :
Ainsy dict le Sauveur : Vous n'aurez point de signe,
Vous n'aurez de nouveau (friands de nouveauté)
Que des abismes creux, Jonas resuscité ;
Vous y serez trompez, la fraude profitable
Au lieu du desiré donne le desirable.
Et comme il renvoya les scribes, amassez
Pour voir des visions aux spectacles passez,
Ainsy les visions qui seront icy peintes
Seront exemples vrais de noz histoires sainctes,
Le roolle des tyrans de l'Ancien-Testament,
Leur cruauté sans fin, leur infini tourment.
Nous verrons dechirer, d'une couleur plus vive,
Ceux qui ont dechiré l'Eglise primitive ;
Nous donnerons à Dieu la gloire de noz ans
Où il n'a pas encor espargné les tyrans.

Puis une pause après, clairon de sa venüe,
Nous les ferons ouïr dans l'esclair de la nüe.
 Encor faut-il, Seigneur, ô Seigneur qui donnas
Un courage sans peur à la peur de Jonas,
Que le doigt qui esmeut cest endormi prophete
Resveille en moy le bien qu'à demy je souhaitte,
Le zelle qui me faict du fer de verité
Fascher avec Satan, le fils de Vanité.
J'ay fuy tant de fois, j'ay desrobé ma vie
Tant de fois, j'ay suivi la mort que j'ay fuie,
J'ay faict un trou en terre et caché le talent,
J'ay senti l'esguillon, le remords violent
De mon ame blessée, et ouy la sentence
Que dans moy, contre moy chantoit ma conscience.
Mon cœur vouloit veiller, je l'avois endormi ;
Mon esprit de ce siecle estoit bien ennemy.
Mais, au lieu d'aller faire au combat son office,
Satan le destournoit au grand chemin du vice :
Je m'enfuiois de Dieu, mais il enfla la mer,
M'abisma plusieurs fois sans du tout m'abismer :
J'ay veu des creux enfers la caverne profonde,
J'ay esté balancé des orages du monde ;
Aux tourbillons venteux des guerres et des cours,
Insolent, j'ay usé ma jeunesse et mes jours :
Je me suis pleu au fer, David m'est un exemple
Que qui verse le sang ne bastit pas le temple ;
J'ay adoré les rois, servi la vanité,
Estouffé dans mon sein le feu de vérité ;

J'ay esté par les miens precipité dans l'onde,
Le danger m'a sauvé en sa panse profonde,
Un monstre de labeurs à ce coup m'a craché
Aux rives de la mer, tout souillé de peché.
J'ay faict des cabinets soubs-esperances vertes,
Qui ont esté bien tost mortes et descouvertes,
Quand le ver de l'envie a percé de douleurs
Le quicajon seiché pour m'envoyer ailleurs.
Tousjours tels Simeis font aux Davids la guerre
Et sortent des vils creux d'une trop grasse terre
Pour d'un air tout pourry, d'un gosier enragé
Infecter le plus pur, sauter sur l'affligé :
Le doigt de Dieu me lève, et l'ame encore vive
M'anime à guerroyer la puante Ninive;
Ninive qui n'aura sac ne gemissement,
Pour changer le grand Dieu qui n'a de changement.
   Voicy l'Eglise encor en son enfance tendre,
Satan ne fallit pas d'essayer à surprendre
Ce berceau consacré, il livra mille assauts
Et feint de sa jeunesse à l'enfant mille maux.
Les anges la gardoient en ces peines estranges ;
Elle ne fut jamais sans que le camp des anges
La conduisit par tout, soit lors que dessus l'eau
L'arche d'election luy servit de berceau,
Soit lors qu'elle espousa la race de Dieu saincte,
Ou soit lors que de luy elle fuioit enceinte
Aux lieux inhabitez, aux effroiants deserts,
Chassée, et non vaincüe, en despit des enfers.

La mer la circuit, et son espoux luy donne
La lune soubs les pieds, le soleil pour couronne.
 O bien-heureux Abel, de qui premier au cœur
Cette vierge esprouva sa premiere douleur !
De Caïn fugitif et d'Abel je veux dire
Que le premier bourreau et le premier martyre,
Le premier sang versé, on peut voir en eux deux,
L'estat des agneaux doux, des loups outrecuideux ;
En eux deux on peut voir (beau pourtraict de l'Eglise)
Comme l'ire et le feu des ennemis s'attise
De bien fort-peu de bois, et s'augmente beaucoup.
Satan fit ce que faict en ce siecle le loup
Qui querelle l'agneau buvant à la riviere,
Luy au haut vers la source et l'agneau plus arriere :
L'Antechrist et ses loups reprochent que leur eau
Se trouble au contre-flot par l'innocent agneau.
La source des grandeurs et des biens de la terre
Descoulle de leurs chefs, et la paix de la guerre
Balancent à leur gré dans leurs impures mains ;
Et toute fois alors que les loups inhumains
Veulent couvrir de sang le beau lit de la terre,
Les prétextes connus de leur injuste guerre
Sont noz autels sans fard, sans feinte, sans couleurs,
Que Dieu aime d'enhaut l'offerte de nos cours :
Cela leur croist la soif du sang de l'innocence.
 Ainsi Abel offroit en pure conscience
Sacrifices à Dieu ; Caïn offroit aussy :
L'un offroit un cœur doux, l'autre un cœur endurcy ;

L'un fut au gré de Dieu, l'autre non aggreable :
Caïn grinça les dents, paslit, espouventable,
Il massacra son frere, et de c'est agneau doux
Il fit un sacrifice à son amer courroux.
Le sang fuit son front et honteux se retire,
Sentant son frere sang que l'aveugle main tire ;
Mais quand le coup fut faict sa premiere pasleur
Au prix de la seconde estoit vive couleur :
Ses cheveux vers le Ciel herissez en furie,
Le grincement de dents en sa bouche flestrie,
L'œil sourcillant de peur descouvroit son ennuy :
Il avoit peur de tout, tout avoit peur de luy :
Car le Ciel s'affubloit du manteau d'une nüe
Si tost que le transy au Ciel tournoit sa veüe ;
S'il fuioit aux deserts, les rochers et les bois,
Effrayez abboyoient au son de ses abbois.
Sa mort ne pût avoir de mort pour recompense :
L'enfer n'eut point de morts à punir cette offence,
Mais autant que de jours il sentit de trespas :
Vif, il ne vescut point ; mort, il ne mourut pas.
Il fuit d'effroy transi, troublé tremblant et blesme,
Il fuit de tout le monde, il s'enfuit de soy-mesme :
Les lieux plus asseurez luy estoit des hazards,
Les fueilles, les rameaux et les fleurs des poignards,
Les plumes de son lict des esguilles picquantes,
Ses habits plus aysez des tenailles serrantes,
Son eau jus de ciguë, et son pain des poizons ;
Ses mains le menaçoient de fines trahisons :

Tout image de mort et le pis de sa rage,
C'est qu'il cerche la mort et n'en void que l'image :
De quelqu'autre Caïn il craignoit la fureur :
Il fus sans compagnon et non pas sans frayeur :
Il possedoit le monde, et non une asseurance ;
Il estoit seul partout, hors mis sa conscience,
Et fut marqué au front affin qu'en s'enfuiant
Aucun n'osast tüer ses maux en le tüant.

  Meurtriers de vostre sang, apprehendez ce juge,
Apprehendez aussy la fureur du deluge.
Superbes esventez, tiercelets de geants,
Du monde espouvantaux, vous braves de ce temps,
Outrecuidez galands, ô fols à qui il semble,
En regardant le Ciel, que le Ciel de vous tremble,
Jadis voz compagnons, compagnons en orgueil,
(Car vous estes moins forts) virent venir à l'œil
Leur salaire des cieux : les cieux dont les vantailles,
Sans se forcer gagnoient tant de rudes batailles :
Babylon qui debvoit mi-partir les hauts cieux,
Aller baiser la lune et se perdre des yeux
Dans la voute du ciel, Babel de qui les langues
Firent en mesme jour tant de sottes harangues,
Sa hauteur n'eust servi, ni les plus forts chasteaux,
Ni les cedres gravis, ni les monts les plus hauts.
L'eau vint, pas après pas, combattre leur stature,
Va des pieds aux genoux, et puis à la ceinture.
Le sein enflé d'orgueil, souspire au submerger ;
Ses bras roides, meurtriers, se lassent de nager

Il ne reste sur l'eau que le visage blesme ;
La mort entre dedans la bouche qui blaspheme.
Et ce pendant que l'eau s'enfle sur les enflez,
En un petit troupeau les petits amassez
Se joüent sur la mort, pilotez par les anges ;
Quand les geants hurloient, ne chantoient que louanges,
Disants les meschants flots qui, en executant
La sentence du Ciel, s'en vont precipitant
Les geants aux enfers, aux abismes les noient
Ceux-là qui aux bas lieux ces charongnes convoient
Sont les mesmes qui vont dans le haut se mesler,
Mettent l'arche et les siens au supresme de l'air,
Laissent la nüe en bas, et si haut les attirent
Qu'ils vont baiser le ciel, le ciel où ils aspirent.
 Dieu fit en son courroux pleuvoir des mesmes cieux,
Comme un deluge d'eaux, un deluge de feux :
Cet arsenal d'en haut, où logent de la guerre
Les celestes outils, couvrit toute la terre
D'artifices de feu, pour punir des humains,
Par le feu le plus net, les pechez plus vilains.
Un pays abbruty, plein de crimes estranges,
Vouloit, après tout droict, violer jusqu'aux anges :
Ils pensoient soüiller Dieu ; ces hommes des-reiglez
Pour un aveugle feu moururent aveuglez ;
Contr'eux s'esmeut la terre encore non esmeüe,
Si tost qu'elle eut appris sa leçon de la nüe :
Elle fondit en soy et cracha en un lieu,
Pour marquer à jamais la vengeance de Dieu.

Un lac, de son bourbier, là mit, à la mesme heure,
La mer par ses conduits ce qu'elle avoit d'ordure,
Et, pour faire sentir la mesme ire de l'air,
Les oyseaux tombent morts quand ils pensent voler
Sur ces noires vapeurs, dont l'espaisse fumée
Monstre l'ire celeste encores allumée.
  Venez, celestes feux, courez, feux eternels,
Volez ; ceux de Sodome oncques ne furent tels :
Au jour du jugement ils leveront la face
Pour condamner le mal du siecle qui les passe,
D'un siècle plus infect ; notamment il est dit
Que Dieu de leurs pechez tout le comble attendit.
Empuantissez l'air, ô vengeances celestes,
De poizons, de venins et de volantes pestes.
Soleil, baille ton char aux jeunes Phaëtons,
N'anime rien çà bas, si ce n'est des Pythons ;
Vent, ne purge plus l'air ; brize, renverse, escraze,
Noie au lieu d'arrouser, sans eschauffer embraze.
Nos pechez sont au comble et, jusqu'au ciel montez,
Par dessus le boisseau versent de tous costez.
Terre, qui sur ton dos porte à peine noz peines,
Change en cendre et en os tant de fertiles plaines,
En bourbe noz gazons, noz plaisirs en horreurs,
En souphre nos guerets, en charongne noz fleurs.
Deluges, retournez, vous pourrez par vostre onde
Noier, non pas laver, les ordures du monde.
  Mais ce fut vous encor, ô justicieres eaux,
Qui sceustes distinguer les lions des agneaux :

Moyse l'esprouva, qui pour arche seconde,
En un tissu de jonc se joüa dessus l'onde.
Eaux, qui devinstes sang et changeastes de lieu,
Eaux, qui oyez très-clair quand on parle de Dieu,
Ce fut vous, puis après lorsque les maladies,
Les gresles et les poux et les bestes choisies
Pour de petits moyens abbattre les plus grands,
Quand la peste, l'obscur et les echecs sanglants
De l'ange foudroiant n'eurent mis repentance
Aux cœurs des Pharaons poursuivans l'innocence,
Ce fut vous, sainctes eaux, eaux qui fistes de vous
Un pont pour les agneaux, un piege pour les loups.

 Les hommes sont plus sourds à entendre la voix
Du Seigneur des seigneurs, du Monarque des rois,
Que la terre n'est dure et n'est sourde à se fendre
Pour dans ses gouffres noirs les faux parjures prendre.
Le feu est bien plus prompt à partir de son lieu
Pour mettre à rien le rien des rebelles à Dieu.
Dathan et Abiron donnerent tesmoignage
De leur obeissance et de leur prompt ouvrage.
L'air fut obeissant à changer ses douceurs
En poizon respirée aux braves ravisseurs
De la chere alliance ; et Dieu en toute sorte
Par tous les elements a monstré sa main forte.

 Quoi, mesme les demons, quoi que grinçants les dents,
A la voix du grand Dieu logerent au dedans
De Saül enragé : quelles rouges tenailles
Sont telles que l'enfer qui fut en ses entrailles?

Princes, un tel enfer est logé dedans vous,
Quand un cœur de caillou d'un fusil de courroux
Vous faict persecuter d'une haine mutine
Vos David triomphans de la gent philistine.
Absalon, qui faisoit delices de cheveux
Par eux enorgueilly, et puis pendu par eux,
Et son Achitofel, renommé en prudence,
Par elle s'est acquis une infame potence.
 Dans le champ de Naboth, Achaz montre à son rang
Que tout sang va tirant après soi d'autre sang ;
Jezabel marche après, et de près le veut suivre,
Bruslante en soif de sang, encor qu'elle en fut yvre ;
Jezabel, vif miroir des ames de noz grands,
Pourtraict des coups du ciel, salaire des tyrans.
Flambeau de ton païs, piege de la noblesse,
Peste des braves cœurs, que servit ta finesse,
Tes ruzes, tes conseils et tes tours florentins ?
Les chiens se sont saoulez des superbes tetins
Que tu enflois d'orgueil, et cette gorge unie,
Et cette tendre peau fut des mastins la vie.
De ton sein sans pitié ce chaud cœur fut ravi,
Luy qui n'avoit esté de meurtres assouvy.
A faict crever les chiens : de ton fiel le carnage
Aux chiens osta la faim et leur donna la rage :
Vivante, tu n'avois aymé que le combat ;
Morte, tu attisois encores du debat
Entre les chiens grondans qui donnoyent des batailles
Aux butins dissipez de tes vives entrailles ;

Le dernier appareil de ta feinte beauté
Mit l'horreur sur le front, et fut precipité,
Aussy bien que ton corps, de ton haut edifice,
Ton ame et ton estat, d'un mesme precipice.

 Quand le baston qui sert pour attiser le feu
Travaille à son mestier, il brusle peu à peu;
Il vient si noir, si court, qu'il n'y a plus de prise,
On le jette en la braize et un autre l'attise.
Athalia suivit le train de cette-ci,
Elle attisa le feu et fut bruslée aussy.

 Après, de ce troupeau je sacre à la memoire
L'effroyable discours, la veritable histoire,
De cet arbre eslevé, refoullé par les cieux,
De qui les rameaux longs s'estendoient ombrageux
D'orient au couchant, du midy à la bize :
La terre large estoit en son ombre comprise,
Et fut ce pavillon de superbes rameaux
Des bestes le grand parc, le grand nid des oiseaux;
Ce tronc est esbranché, ce monstre est mis à terre;
Ce qui logeoit dedans miserablement erre
Sans logis, sans retraitte : un roy victorieux,
De cent princes l'idolle, enflammé, glorieux,
Ne connoissant plus rien digne de sa conqueste,
Levoit contre le ciel son orgueilleuse teste.
Dieu ne daigna lançer un des mortels esclats
De ses foudres volans, mais ploya contre-bas.
Ce visage eslevé ; ce triomphant visage
Perdit la forme d'homme et de l'homme l'usage.

Noz petits geanteaux, par vanité, par vœux,
Font un bizarre orgueil d'ongles et de cheveux,
Et Dieu sur cettuy-cy, pour une peine dure,
Mit les ongles crochus et la grand chevelure.
Apprenez de lui, rois, princes et potentats,
Quelle peine a le ciel à briser voz estats.
Ce roy n'est donc plus roy, de prince il n'est plus prince ;
Un desert solitaire est toute sa province ;
De noble il n'est plus noble, et en un seul moment
L'homme des hommes roy n'est homme seulement ;
Son palais est le souil d'une puante boüe,
La fange est l'oreiller parfumé pour sa joüe ;
Ses chantres, les crapaux, compagnons de son lict,
Qui de cris enrouez le tourmentent la nuit ;
Ses vaisseaux d'or ouvrez furent les ordes fentes
Des rochers serpenteux, son vin les eaux puantes ;
Les faisans, qu'on faisoit galopper de si loin,
Furent les glands amers, la racine et le foin ;
Les orages du ciel roullent sur la peau nüe ;
Il n'a daix, pavillon ni tente que la nüe.
Les loups en ont pitié ; il est de leur troupeau,
Et il envie en eux la durté de la peau,
Au bois où, pour plaisir, il se mettoit en queste,
Pour se joüer au sang d'une innocente beste,
Chasseur, il est chassé ; il fit fuir, il fuit ;
Tel qu'il a poursuivi maintenant le poursuit.
Il fut roy abbruty, il n'est plus rien en somme :
Il n'est homme ne beste et craint la beste et l'homme ;

Son ame raisonnable irraisonnable fut.
Dieu refit ceste beste un roy quand il luy pleust.
Merveilleux jugement et merveilleuse grace
De l'oster de son lieu, le remettre en sa place !

 Le doigt qui escrivit, devant les yeux du filz
De ce roy abesti, que Dieu avoit prefix
Ses vices et ses jours, sceust l'advenir escrire,
Luy-mesme executant ce qu'il avoit peu dire.

 O tyrans, apprenez, voyez, resolvez-vous
Que rien n'est difficille au celeste courroux ;
Apprenez, abbatus, que le Dieu favorable
Qui verse l'eslevé hausse le miserable ;
Qui faict fondre dans l'air d'un Cherub le pouvoir,
De qui on sent le fer et la main sans la voir ;
L'œil d'un Sennacherib void la lame enflammée
Qui faict en se joüant un hachis d'une armée ;
Que c'est celuy qui faict, par secrets jugements,
Vaincre Ester en mespris les favoris Amans :
Sur le sueil de la mort et de la boucherie,
La chetifve receut le throsne avec la vie ;
L'autre, mignon d'un Roy, tout à coup s'est trouvé
Enlevé au gibet qu'il avoit eslevé,
Comme le fol malin journellement appreste
Pour la teste d'autruy ce qui frappe sa teste.

 Ainsy le doigt de Dieu avoit coupé les doigts
D'un Adonibesec qui a septante roys.
Il les avoit tranchez ; j'ay laissé les vengeances
Que ce doigt exerça par les foibles puissances

Des femmes, des enfants, des valets desreiglez,
Des Gedeons choisis, des Samsons aveuglez;
Le desespoir d'Antioch et sa prompte charogne.
Mon vol impetueux d'un long desir s'eslogne
A la seconde Eglise, et l'outrageuse main
Que dès lors fit sortir le grand siege Romain.

  Sortez, persecuteurs de l'Eglise premiere,
Et marchez enchainez au pied de la banniere
De l'agneau triomphant; vos sourcils indomptez,
Voz fronts, voz cœurs si durs, ces fieres majestez,
Du Lion de Juda honorent la memoire,
Traisnez au chariot de l'immortelle gloire.

  Hausse du bas enfer l'aigreur de tes accents,
Hurle, en grinçant des dents, des enfants innocents
Herode le boucher; leve la main impure
Vers le ciel, du profond de ta demeure obscure;
Aujourd'huy, comme toy, les abusez tyrans
Pour blesser l'Eternel massacrent ses enfants,
Et sont imitateurs de la forcenerie,
Qui pensois ployer Dieu parmy la boucherie,
Les cheveux arrachez, les effroyables cris
Des meres qui pressoient à leur sein leurs petits,
Ces petits bras liez aux gorges de leurs meres,
Les tragicques horreurs et les raisons des peres,
Les voix non encor voix, bramantes en tous lieux,
Ne sonnoient la pitié dans leurs cœurs impiteux.
Des tueurs resolus point ne furent ouyes
Ces petites raisons qui demandoient leurs vies

Ainsy qu'elles sçavoient ; quand ils tendoient leurs mains,
Ces menottes monstroient par signe aux inhumains,
Cela n'a point peché, cette main n'a ravie
Jamais le bien, jamais rançon, jamais la vie.
Mais ce cœur sans oreille et ce sein endurcy
Que l'humaine pitié, que la tendre mercy
N'avoient sceu transpercer, fut transpercé d'angoisses :
Ses cris, ses hurlemens, son soucy, ses addresses
Ne servirent de rien. Ces indomptez esprits,
Qui n'oyoient point crier, en vain jettent des cris.
Il fit tuer son filz et par luy fut esteinte
Sa noblesse, de peur qu'il ne mourut sans plainte.
Sa douleur fut sans pair. L'autre Herode, Antipas,
Après ses cruautez et avant son trespas,
Souffrit l'exil, la honte, une crainte Caïne,
La pauvreté, la fuitte et la fureur divine.
    Puis le tiers triomphant, eslevé sur le haut
D'un peuple adorateur et d'un brave eschaffaut
Au poinct que l'on cria : O voix de Dieu, non d'homme !
Un gros de vers et poux l'attaque et le consomme.
La terre qui eut honte esventa tous les creux
Où elle avoit les vers ; l'air luy creva les yeux ;
Luy-mesme se pourrit et sa peau fut changée
En bestes, dont la chair de dessoubs fut mangée ;
Et comme les demons, d'un organe enroué,
Ont le sainct et sauveur par contrainte advoué,
Cettuy-cy s'escria au fonds de ses miseres :
« Voicy celuy que Dieu vous adoriez nagueres. »

Somme, au lieu de ce corps idolatré de tous
Demeurent ses habits, un gros amas de poux,
Tout regrouille de vers, le peuple esmeut s'eslogne :
On adoroit un roy, on fuit une charogne.
  Charognes de Tyrans, balancez en haut lieu,
Fantasticques rivaux de la gloire de Dieu,
Que ferez-vous des mains, puis que voz foibles veües
Ne sceurent oncq passer la region des nües ?
Vous ne disposez pas, magnificques mocqueurs,
Ni de voz beaux esprits, ni de voz braves cœurs;
Ces dons ne sont que prests, que Dieu tient par la longe;
Si vous en abusez, vous n'en usez qu'en songe.
Quand l'orgueil va devant, suivez-le bien à l'œil,
Vous verrez la ruine aux talons de l'orgueil.
Vous estes tous subjects, ainsy que nous le sommes,
A repaistre les vers des delices des hommes.
Paul, pape incestueux, premier inquisiteur,
S'est veu mangé des vers, salle persecuteur.
Philippe, incestueux et meurtrier, cette peste
T'en veut, puis qu'elle en veut au parricide inceste.
  Neron, tu mis en poudre et en cendre et en sang
Le venerable front et la gloire et le flanc
De ton vieux precepteur, ta patrie et ta mere,
Trois que ton destin fit avorter en vipere,
Chasser le docte esprit par qui tu fus sçavant,
Mettre en cendre ta ville, et puis la cendre au vent;
Arracher la matrice à qui tu doibs la vie.
Tu debvois à ces trois la vie aux trois ravie,

Miroüer de cruauté, duquel l'infame nom
Retentira cruel, quand on dira Neron.
Homme tu ne fus poinct à qui t'avoit faict homme;
Tu ne fus pas Romain envers ta belle Rome ;
Dont l'ame tu reçeus l'ame tu fis sortir.
Si ton sens ne sentoit, le sang debvoit sentir.
Mais ton cœur put vouloir, et put ta main meurtriere
Tuer, brusler, meurtrir precepteur, ville et mere.
Bourreau de tes amis, du meurtre seul amy,
Ta mort n'a sceu trouver amy ni ennemy :
Il fallut que ta main à ta fureur extresme,
Après tout violé, te violast toy-mesme.

 Domitian morgueur, qui pris plaisir à voir
Combien la cruauté peut contre Dieu pouvoir,
Quand tu oyois gemir le peuple pitoyable,
Spectateur des mourants, tu ridois, effroyable,
Les sillons de ton front ; tu fronçois les sourcils
Aux yeux de ta fureur ; les visages transis
Laissoient là le supplice, et les tremblantes faces
Adoroient la terreur de tes fieres grimaces.
Subtil, tu desrobois la pitié par la peur.
On te nommoit le Dieu, le souverain Seigneur !
Où fut ta déité, quand tu te vids, infame,
Dejetté par les tiens, condamné par ta femme,
Ton visage foulé des pieds de tes valets?
Le peuple despouilla tes superbes palais
De tes infames noms, et ta bouche et ta joüe
Et l'œil adoré n'eut de tombeau que la boüe.

Tu sautois de plaisir, Adrian, une fois,
A remplir de chrestiens jusqu'à dix mille croix;
Dix mille croix après, dessus ton cœur plantées,
Te firent souhaitter les peines inventées:
Sanglant, ton sang coula; tu recerchas en vain
Les moyens de finir les douleurs par ta main;
Tu criois, on rioit; la pitié t'abandonne;
Nul ne t'en avoit faict, tu n'en fis à personne.
Sans plus, on delaissa les ongles à ta peau;
Altéré de poizon, tu manquas de couteau;
On laissa dessus toy joüer la maladie,
On refusa la mort ainsy que toy la vie.
   Sévère fut en tout successeur d'Adrian,
En forfaict et en mort. Après, Herminian,
Armé contre le ciel, sentit en mesme sorte
La vermine d'Herode encore n'estre morte.
Perissant mi-mangé, de son dernier trespas
Les propos les derniers furent : « Ne dictes pas
La façon de mes maux à ceux qui Christ advoüent;
Que Dieu, mon ennemy, mes ennemis ne louent. »
   Tyrans, vous dresserez sinon au Ciel les yeux,
Au moins l'air sentira herisser voz cheveux.
Si quelqu'un d'entre vous à quelque heure contemple
Du vieux Valerian le specieux exemple,
N'agueres empereur d'un empire si beau,
Aussy tost marchepied, le fangeüx escabeau
Du Perse Saporez. Quand cet abominable
Avoit sa face en bas, au montoüer de l'estable,

Se souvenoit-il point qu'il avoit tant de fois
Des chrestiens prosternez mesprisé tant de voix;
Que son front eslevé, si voisin de la terre,
Contre le filz de Dieu avoit osé la guerre;
Que ses mains, ores pieds, n'avoient faict leur devoir
Lors qu'elles emploioient contre Dieu leur pouvoir ?

 Princes, qui maniez dedans vos mains impures
Au lieu de la justice une fange d'ordures,
Ou qui, s'il faut ouvrer les ploiez dans vos seins,
Voyez de quel mestier devindrent ces deux mains :
Elles changeoient d'usage en traictant l'injustice,
La justice de Dieu a changé leur office.
Plus luy debvoit peser sang sur sang, mal sur mal,
Que ce roy sur son dos qui montoit à cheval,
Qui en fin l'escorcha, vif le despouillant, comme
Vif il fut despoüillé des sentiments de l'homme.

 Le haut Ciel t'advertit, pervers Aurelian;
Le tonnerre parla, ô Diocletian ;
Ce trompette enroüé de l'effroyant tonnerre,
Avant vous guerroier, vous denonça la guerre;
Ce heraut vous troubla et ne vous changea pas;
Il vous fit chanceler, mais sans tourner vos pas;
Avant que se vanger, le Ciel cria vengeance;
Il vous causa la peur, et non la repentance.

 Aurelian traictoit les hommes comme chiens;
Ce qu'il fit envers Dieu, il le receut des siens.
Et quel prince à bon droict se pourra vanter d'estre
Mesconnu par les siens, s'il mesconnoist son maistre?

Mesmes mains ont meurtry et servi cettuy-cy.
Le second fut vaincu d'un trop ardent soucy ;
L'impuissant se tua, abbatu de la rage
De n'avoir peu dompter des chrestiens le courage.
 Maximian, les feux de vingt mille enfermez,
La ville et les bourgeois en un tas consumez
Firent un si grand feu que l'espaisse fumée
Dans les nareaux de Dieu esmeut l'ire enflammée :
Des citoyens meurtris la charongne et les corps
Empuantirent tout de l'amas de ces morts,
L'air estant corrompu te corrompit l'haleine,
Et le flanc respirant la vengeance inhumaine :
Ta puanteur chassa tes amis au besoing,
Chassa tes serviteurs, qui fuirent si loing
Que nul n'oioit tes cris, et faut que ta main torde
L'infame nœud, le tour d'une villaine corde.
 Aussy puant que toi, Maximin frauduleux,
Forgeur de fausse paix, sentit saillir des yeux
Sa prunelle eschappée, et commença par celle
Qui ne vid onc pitié, la part la plus cruelle :
La premiere perit, on saoula de poisons
Le cœur qui ne fut onc saoulé de trahisons.
 Ces bourreaux furieux eurent des mains fumantes
Du sang tiede versé. Mais voicy des mains lentes,
Voicy un faux meurtrier, un arsenic si blanc
Qu'on le gousta pour sucre ; et sans tache de sang
L'ingenieux tyran, de qui la fraude a mise
A plus d'extremitez la primitive Eglise :

Il ne tacha de sang sa robbe ne sa main,
Il avoit la main pure, et le cœur fut si plain
De meurtres desrobez ; il n'allumoit les flammes :
Ses couteaux et ses feux n'attaquoient que les ames :
Il n'attaquoit les corps, mais privoit les esprits
De pasture de vie : il semoit le mespris
Aux plus volages cœurs, estouffant par la crainte
La saincte deité dedans les cœurs esteinte.
Le chevalier du ciel, au milieu des combats,
Descendit de si haut pour le verser à bas.
L'apostat Julian son sang fuitif empoigne,
Le jette vers le ciel ; l'air de cette charongne
Empoisonné fuma : puis l'infidelle chien
Cria : « Je suis vaincu par toy, Nazarien. »
 Tu n'as eu point de honte, impudent Libanie,
De donner à ton Roy tel patron pour sa vie,
Exhaltant et nommant cet exemple d'erreurs
Des philosophes roy, maistre des empereurs.
 Pacificques meurtriers, Dieu descouvre sa guerre
Et ne faict comme vous, qui cuidez de la terre
L'estouffer sans seigner, et de traistres appas
Empoizonner l'Eglise et ne la blesser pas.
 Je laisse arrière-moy les actes de Commode
Et Valantinian, qui, de pareille mode,
Depouillerent sur Christ leurs courroux aveuglez ;
Pareils en morts, tous deux par valets estranglez.
 Galerian aussy rongé par les entrailles,
Et Decius, qui trouve au millieu des batailles

Un Dieu qui avoit pris le contraire parti,
Puis le gouffre tout prest dont il fut englouti.
 Je laisse encore ceux qu'un faux nom catholicque
A logé dans Sion, un Zenon Izaurique,
Vif enterré des siens ; Honorique pervers,
Qui eschauffoit sa mort en nourrissant les vers.
 Constant, par trop constant à faire la doctrine
D'Arius, qui versa en une orde latrine
Ventre et vie à la fois, et luy, en pareil lieu,
En blasphemes pareils creva par le millieu.
Tous ceux-là sont peris par des pestes cachées
Comme ils furent aussy des pestes embuschées,
Que le Sinon d'enfer establit par moyens
En cheval duratée, au rempart des Troyens.
 Quand Satan guerroyoit d'une ouverte puissance
Contre le monde jeune et encor en enfance,
Il trompoit cette enfance, et ses traicts moins couverts
A ce siecle plus fin descouvroient les enfers
Dès la premiere veüe, et faut que la malice
D'un plus espais manteau cache le fond du vice.
 Nous verrons cy après les effets moins sanglants,
Mais des coups bien plus lourds et bien plus violents,
En ce troisiesme rang d'ennemis de l'Eglise,
Masquans leur noir couroux d'une douce feintize,
Satans vestus en anges et serpents enchanteurs,
De Julian le fin subtils imitateurs.
Ils n'ont pas trompé Dieu ; leurs frivolles excuses,
La nuict qui les couvroit, les frauduleuses ruzes,

Leur feinte pieté et masque ne put pas
Rendre seiche leur mort, ni heureux leur trespas.

   Il faut que nous voyons si les hautes vengeances
S'endorment au giron des celestes puissances,
Et si (comme jadis) le véritable Dieu
Distingua du gentil son heritage hebrieu,
S'il sépare aujourd'huy par les marques anciennes
Des troupes de l'enfer l'eslection des sienes.

   O martyres aimez! ô douce affection!
Perpetuelle marque à la saincte Sion,
Tesmoignage secret que l'Eglise en enfance
Eut au front et au sein, à sa pauvre naissance,
Pour choisir du troupeau de ses bastardes sœurs
L'héritiere du ciel au milieu des malheurs!

   Qui a leu aux romans les fatales miseres
Des enfants exposez de peur des belles-meres,
Nourris par les forests, gardez par les mastins,
A qui la louve ou l'ourse ont porté leurs tetins,
Et les pasteurs après du laict de leurs ouailles
Nourrissent, sans sçavoir, un prince et des merveilles?
Au milieu des trouppeaux on en va faire choix,
Le valet des bergers va commander aux rois,
Une marque en la peau où l'oracle descouvre
Dans le parc des brebis l'héritier du grand Louvre.

   Ainsy, l'Eglise ainsy accouche de son fruict;
En fuiant aux deserts le dragon la poursuit;
L'enfant chassé des rois est nourry par les bestes;
Cet enfant brisera de ces grands roys les testes

Qui l'ont proscript, banny, outragé, dejetté,
Blessé, chassé, battu de faim, de pauvreté.
Or ne t'advienne point, espouse et chere Eglise,
De penser contre Christ ce que dit sur Moyse
La simple Sephora, qui, voiant circoncir
Ses enfants, estima qu'on les vouloit occir.
Tu es mary de sang, ce dit la mere folle.
Temeraire et par trop blasphemante parole :
Car cette effusion qui luy desplaist si fort
Est arre de la vie, et non pas de la mort.

 Venez donc, pauvreté, faim, fuittes et blessures,
Bannissements, prison, proscriptions, injures ;
Vienne l'heureuse mort, gage pour tout jamais
De la fin de la guerre et de la douce paix.

 Fuiez, triomphes vains, la richesse et la gloire,
Plaisirs, prosperité, insolente victoire,
O pieges dangereux et signes evidents
Des tenebres, du ver et grincements de dents !

 Entrons dans une piste et plus vive et plus freische,
Du temps qu'au monde impur la pureté se presche,
Où le siecle qui court nous offre et va contant
Autant de cruautez, des jugements autant
Qu'aux trois mille ans premiers de l'enfance du monde,
Qu'aux quinze cents après de l'Eglise seconde.
Que si les derniers traicts ne semblent à noz yeux
Si hors du naturel et si malitieux
Que les plus eslognez, voions que les oracles
Des vives voix de Dieu, les monstrueux miracles

N'ont plus esté frequents dès que l'esprit prit
En des langues de feu la langue de l'Esprit.
Si les pauvres Juifs les eurent en grand nombre,
Très apropos à eux, qui esperoient en ombre,
Ces ombres profitoient; nous vivons en clarté,
Et à l'œil possedons le corps de verité.
Ou soit que la nature en jeunesse, en enfance,
Fut plus propre à souffrir le change et l'inconstance,
Que quand ces esprits vieux, moins prompts, moins violents,
Jeunes, n'avortoient plus d'accidents insolents;
Ou soit que noz esprits, tous abbrutis de vices,
Les malices de l'air surpassent en malices,
Ou trop meslez au corps, ou de la chair trop plains,
Susceptibles ne soient d'enthousiasmes saincts,
Encore trouvons-nous les exprès tesmoignages
Que Nature ne peut avoüer pour ouvrages :
Encore le chrestien aura icy dedans
Pour chanter; l'atheiste en grincera les dents.

 Archevesque Arondel, qui en la Cantorbie
Voulus tarir le cours des paroles de vie,
Ton sein encontre Dieu enflé d'orgueil souffla,
Ta langue blasphemante encontre Dieu s'enfla :
Et, lors qu'à verité le chemin elle bousche,
Au pain elle ferma le chemin et la bouche.
Tu fermois le passage au subtil vent de Dieu,
Le vent de Dieu passa, le tien n'eut point de lieu.
Au ravisseur de vie à ce poinct fut ravie,
Par l'instrument de vivre, et l'une et l'autre vie :

L'Eglise il affama; Dieu lui osta le pain.
  Voicy d'autres effects d'une bizarre faim,
L'affamé qui voulut saouler sa brute rage
Du nez d'un bon pasteur, l'arracher du visage,
Le casser de ses dents et l'avaller après,
Fut puni comme il faut, car il sortit exprès
Du plus secret des bois un loup qui du visage
Luy arrache le nez et luy cracha la rage :
Il fut seul qui sentit la vengeance et le coup
Et qui seul irrita la fureur de ce loup.
C'est faire son proffict de ces leçons nouvelles
De voir que tous pechez ont les vengeances telles
Que merite le faict, et que les jugements
Dedans nous, contre nous, trouvent les instruments.
De voir comme Dieu peint, par juste analogie,
Du crayon de la mort les couleurs de la vie.
  Quand le comte Fœlix (nom sans felicité)
De colere et de vin yvre, se fut vanté
Qu'au lendemain ses pieds, prenants couleurs nouvelles,
Rougiroient les esprons dans le sang des fidelles,
Dieu entreprit aussy et jura à son rang :
Ce sanglant dès la nuict estouffa dans son sang.
  Le stupide Mesnier, ministre d'injustice,
Tout pareil en desirs, sentit pareil supplice,
Supplice remarquable. Et pleust au juste Dieu
Ne me sentir contrainct d'attacher en ce lieu
Deux semblables pourtraicts des princes de notre aage,
Princes qui comme jeu ont aymé le carnage,

Encontre qui Paris et Anvers tous sanglants
Solicitent le ciel de courroux violents.
Leur rouge mort aussy fut marque de leur vie,
Leur puante charongne et l'air empuantie
Partagèrent sortants de l'impudicque flanc
Une mer de forfaicts et un fleuve de sang.

    Aussy bien qu'Adrian, aux morts ils s'esjouirent;
Comme Maximian, aux villes ils permirent
Le sac : leur sang coula ainsi que d'Adrian.
Ils ont eu des parfums du faux Maximian.
Quel songe ou vision trouble ma fantaisie,
A prevoir de Paris la fange cramoisie,
Traîner le sang d'un roy à la mercy des chiens,
Roy qui eut en mespris le sang versé des siens?

    Qui veut sçavoir comment la vengeance divine
A bien sceu où dormoit d'Herode la vermine
Pour en persecuter les vers persecuteurs,
Qu'il voye le tableau d'un des inquisiteurs
De Merindol en feu. Sa barbarie extreme
Fut en horreur aux rois, aux persecuteurs mesme.
Il fut banny; les vers suivirent son exil,
Et ne put inventer, cest inventeur subtil,
Armes pour empescher cette petitte armée
D'empoizonner tout l'air de puante fumée;
Ce chasseur dechassa ses compagnons au loing,
Si qu'un seul d'enterrer ce demi-mort eut soing,
Luy jetta un crochet et entraisna le reste,
Des diables et des vers allumettes de peste,

En un trou : la terre eut horreur de l'estouffer,
Cette terre à regret fut son premier enfer,
Ce ver sentit les vers. La vengeance divine
N'employa seulement les vers sur la vermine.

   Du-Prat fut le gibier des mesmes animaux :
Le ver qui l'esveilloit, qui luy contoit ses maux,
Le ver qui de long-temps picquoit sa conscience
Produisit tant de vers qu'ils percerent sa panse.

   Voicy un ennemy de la gloire de Dieu
Qui s'esleve en son rang, qui occupe ce lieu :
L'Aubespin, qui premier, d'une ambition folle,
Cuida fermer le cours à la vive parolle,
Et qui, bridant les dents par des baaillons de bois,
Aux mourans refusa le soulas de la voix.
Voyant à ses costez cette petitte armée
Grouiller, l'ire de Dieu, en son corps animée,
Choisit pour ses parrains les ongles de la faim.
Lié par ses amis de l'une et l'autre main,
Comme il grinçoit les dents contre la nourriture,
Ses amis d'un baaillon en firent ouverture ;
Mais avec les coulis de sa gorge coula
Un gros amas de vers qui à coup l'estrangla.
Le celeste courroux luy parut au visage.
Nul pour le deslier n'eut assez de courage :
Chacun trembla d'horreur et chacun estonné
Quitta ce baaillonneur et mort et baaillonné.

   Petits soldats de Dieu, vous renaistrez encore
Pour destruire bien tost quelque prince mi-more.

O Roy, mespris du ciel, terreur de l'univers,
Herodes glorieux, n'attens rien que les vers :
Espagnol triumphant, Dieu vengeur à sa gloire
Peindra de vers ton corps, de mes vers ta memoire.
 Ceux dont le cœur brusloit de rages au dedans,
Qui couvoient dans leur sein tant de flambeaux ardents
En attendant le feu preparé pour leurs ames,
Ces enflammez au corps ont ressenty des flammes.
Bellomente, bruslant des infernaux tisons,
Eut pour jeu les procès, pour palais les prisons,
Cachots pour cabinets, pour passe-temps les gehennes.
Dans les crottons obscurs, au contempler des peines,
Aux yeux des condamnez il prenoit ses repas :
Hors le seuil de la geole il ne faisoit un pas.
Le jour luy fut tardif et la nuict trop hastive
Pour haster les procès : la vengeance tardive
Contenta sa langueur par la severité,
Un petit feu l'atteint par une extrémité,
Et au bout de l'orteil ; ce feu estoit visible.
Cet insensible aux pleurs ne fut pas insensible,
Et luy tarda bien plus que cette vive ardeur
N'eust faict le long chemin du pied jusques au cœur
Que les plus longs procès longs et facheux ne furent :
Tous les membres, de rang, ce feu vengeur reçeurent.
Ce hastif à la mort se mourut peu à peu,
Cet ardent au brusler fit espreuve du feu
 Pour un peché pareil, mesme peine evidente
Brusla Pont-cher, l'ardent chef de la chambre ardente.

L'ardeur de cettuy-cy se vid venir à l'œil.
La mort entre le cœur et le bout de l'orteil
Fit sept divers logis, et comme par tranchées
Partage l'assiégé ; ses deux jambes haschées,
Et ses cuisses après servirent de sept forts ;
En repoussant la mort, il endura sept morts.
　L'evesque Castelan, qui, d'une froideur lente,
Cachoit un cœur bruslant de haine violente,
Qui, sans colere, usoit de flammes et de fer,
Qui pour dix mille morts n'eust daigné s'eschauffer.
Ce fier doux en propos, cet humble de col roide,
Jugeoit au feu si chaud d'une façon si froide :
L'une moitié de luy se glaça de froideur,
L'autre moitié fuma d'une mortelle ardeur.
　Voyez quels justes poids, quelles justes balances
Balancent dans les mains des celestes vengeances,
Vengeances qui du ciel descendent à propos,
Qui entendent du ciel qui ouirent les mots
De l'imposteur Picard, duquel à la semonce
La mort courut soudain pour luy faire response :
« Vien, mort, vien, prompte mort (ce disoit l'effronté),
Si j'ay rien prononcé que saincte verité,
Venge ou approuve Dieu, le faux ou veritable. »
La mort se resveilla, frappa le detestable
Dans la chaire d'erreur : quatre mille auditeurs,
De ce grand coup du ciel abbrutis spectateurs,
N'eurent pas pour ouir de fidelles oreilles
Et n'eurent des vrays yeux pour en voir les merveilles.

Lambert, inquisiteur, ainsy en blasphemant
Demeura bouche ouverte, emporté au couvent,
Fut trouvé, sans sçavoir l'autheur du faict estrange,
Aux fossez du couvent noyé dedans la fange.
Maint exemple me cerche, et je ne cerche pas
Mille nouvelles morts, mille estranges trespas
De noz persecuteurs ; ces exemples m'ennuient,
Ils poursuivent mes vers et mes yeux qui les fuient.)
 Je suis importuné de dire comme Dieu
Aux rois, aux ducs, aux chefs, de leur camp au millieu,
Rendit, exerça, fit droict, vengeance et merveille,
Crevant, poussant, frappant l'œil, l'espaule et l'oreille ;
Mais le trop long discours de ces notables morts
Me faict laisser à part ces vengeances des corps,
Pour m'envoler plus haut et voir ceux qu'en ce monde
Dieu a voulu arrer de la peine seconde :
De qui l'esprit frappé de la rigueur de Dieu
Desja sentit l'enfer au partir de ce lieu.
La justice de Dieu par vous sera loüée,
Vous donnerez à Dieu vostre voix enroüée,
Demons desesperez, par qui, victorieux,
Le cruel desespoir fut vainqueur dessus eux
Le desespoir, le plus des peines eternelles
Ennemy de la foy, vainquit les infidelles.
 Le Rhosne en a sonné, alors qu'en hurlements
Renialme et Revet desgorgeoient leurs tourments.
» J'ay (dict l'un) condamné le sang et l'innocence. »
Ce n'estoit repentir, c'estoit une sentence

Qu'il prononçoit enflé et gros de mesme esprit
Du demon qui, par force, avoüa Jesus-Christ.
  Ce mesme esprit, preschant en la publicque chaire,
Fit escrier Latome à sa fureur derniere :
« Le grand Dieu m'a frappé en ce publicque lieu,
Moy qui publicquement blasphemois contre Dieu. »
  Noz yeux mesmes ont veu, en ces derniers orages,
Où cet esprit immonde a semé de ses rages.
C'est luy qui a ravy le sens aux insolents,
A Bezihy, Cosseins, à Tavanes sanglants ;
Le premier de ces trois a galoppé la France
Monstrant ses mains au ciel, bourrelles d'innocence :
« Voicy (ce disoit-il) l'esclave d'un bourreau
Qui a sur les agneaux desployé son couteau :
Mon ame pour jamais en sa memoire tremble,
L'horreur et la pitié la deschirent ensemble. »
  Le second fut frappé aux murs des Rochelois.
On a caché le fruict de ses dernieres voix :
La verité pressée a trouvé la lumiere,
Car on n'a peu celer sa sentence derniere :
Du style du premier, et pour mesme action
Il prononça mourant sa condamnation.
  Le tiers, qui fut cinquiesme au conseil des coulpables,
Bavoit plus abbruty : il a semé ses fables
A l'entour de Paris, et le changement d'air
Ne le faisant jamais qu'en condamné parler.
Il fut lié, mais plus gehenné de conscience,
Satan fut son conseil, l'enfer son esperance.

Le cardinal Polus, plein de mesme demons,
Fut jadis le miroüer de ces trois compagnons.
Nous en sçavons plusieurs que nos honteuses veües
Ont veus nuds et bavans et hurlans par les rües,
Prophetes de leur mort, confesseurs de leurs maux,
De nostres presageurs enseignements très-beaux.
 Il ne faut point penser que vers, couteaux ni flammes
Soient tels que les flambeaux qui attacquoient les ames.
Rien n'est si grand que l'ame, il est très-evident
Qu'à l'esgard du subject s'augmente l'accident,
Comme, selon le bois, la flamme est perdurable.
Ces barbares avoient au lieu d'une ame un diable,
Duquel la bouche plaine a par force annoncé
Les crimes de leurs mains, le sang des bons versé,
Le desespoir minant qui leur tient compagnie,
Rongeant cœur et cerveau jusqu'en fin de la vie.
 Que tu viens à regret, charlatan Florentin,
Qui de France as sucé puis mordu le tetin,
Comme un cancer mangeur et meurtrier insensible,
Un cancer de sept ans, à toy, aux tiens horrible,
T'oste esprit, sens et sang ; un traistre et lent effort,
Traiste, lent, te faisant charongne avant ta mort,
Empuanty de toy, et t'atteint la vengeance
Au poinct qui donna trefve au repos de la France.
Excellente duchesse, icy la vérité
A forcé les liens de la proximité,
Dans mon sein allié tu as versé tes plaintes
Du malheur domesticque, qui ne seroient esteintes,

Non plus que la clameur qui donna gloire à Dieu,
Lors que le condamné publia par adveu
Qu'en luy, cinquiesme autheur de l'inicque journée,
La vengeance de Dieu s'en alloit terminée.
  Mais voicy les derniers sur lesquels on a veu
Du Dieu fort et jaloux le courroux plus esmeu,
Quand de ses jugements les principes terribles
A ces cœurs endurcis se sont rendus visibles.
  Crescence, cardinal, qui à ton pourmenoir
Te vis accompagné du funebre chien noir,
Chien qu'on ne put chasser, tu conneus ce chien mesme
Qui t'abbayoit au cœur de rage si extresme
Au concile de Trente : et ce mesme demon
Dont tu ne sçavois pas la ruse, bien le nom,
Ce chien te fit prevoir, non pourvoir à ta perte ;
Ta maladie fut en santé descouverte ;
Il ne te quitta plus du jour qu'il t'eust faict voir
Ton mal, le mal la mort, la mort le desespoir.
  Je me haste à porter dans le fond de ce temple
D'Olivier, chancelier, le tableau et l'exemple :
Cettuy-cy, visité du cardinal sans pair,
Sans pair en trahison, sentit saillir d'enfer
Les hostes de Saül ou du cardinal mesme,
Quand son corps, plus changé que n'estoit la mort blesme,
Ce corps sec, si caduc qu'il ne levoit la main
De l'estomach au front, aussy tost qu'il fut plain
Des dons du cardinal, du bas jusques au feste
Enlevoit les talons aussy-tost que la teste,

Tomboit, se redressoit, mit en pièces son lict,
S'escria de deux voix : « O cardinal maudit,
Tu nous fais tous damner ! » Et, à cette parolle,
Cette peste s'en va et cette ame s'envolle.
   Cette force inconnüe et ces bonds violents
Eurent mesme moteur que ces grands mouvements
Que sent encore la France, ou que ceux qui parurent
Quand dans ce cardinal tous les diables moururent·
Au moins eussent plustost supporté le tombeau
Que de perdre en ce monde un organe si beau :
On a celé sa mort et caché la fumée
Que ce puant flambeau de la France allumée,
Esteint, aura rendu ; mais le courroux des Cieux
Donna de ce spectacle une idée à nos yeux.
L'air, noirci de demons ainsy que de nuages,
Creva des quatre parts d'impetueux orages ;
Les vents, les postillons de l'ire du grand Dieu,
Troublez de cet esprit, retroublerent tout lieu ;
Les deluges espaiz des larmes de la France
Rendirent l'air tout eau de leur noire abondance,
Cest esprit boutte-feu, au bondir de ces lieux,
De foudres et d'esclairs mit le feu dans les cieux.
De l'enfer tout fumeux la porte desserrée
A celuy qui l'emplit prepara cette entrée ;
La terre s'en creva, la mer enfla ses monts,
Ses monts et non ses flots, pour couler par ses fonds
Mille morts aux enfers, comme si par ses vies
Satan goustoit encor des vieilles inferies

Dont l'odeur lui plaisoit, quand les anciens Romains
Sacrifioient l'humain aux cendres des humains.
La terre en triompha, l'air et la terre et l'onde
Refaisant le cahos qui fut avant le monde.
Le combat des demons à ce butin fut tel
Que des chiens la curée au corps de Jezabel,
Ou d'un prince françois qui, d'un clas de la sorte,
Fit sonner le maillet de l'infernalle porte.

    Scribes, qui demandez aux tesmoignages saincts
Qu'ils fascinent voz yeux de voz miracles feints,
Si vous pouvez user des yeux et des oreilles,
Voyez ces monstres hauts, entendez ces merveilles.
Y a-il rien commun ? Trouvez-vous de ces tours
De la sage nature en l'ordinaire cours ?

    Le meurtrier sent le meurtre, et le paillard attise
En son sang le venin fruict de sa paillardise ;
L'irrité contre Dieu est frappé de courroux ;
Les eslevez d'orgueil sont abbatus de poux ;
Dieu frappe de frayeur le fendant temeraire,
De feu le boutte-feu, de sang le sanguinaire.
Trouvez-vous ces raisons en la chaisne du sort,
Telle proportion de la vie à la mort ?
Est-il vicissitude ou fortune qui puisse
Fausse et folle trouver si à poinct la justice ?
Tels jugements sont-ilz d'un esgaré cerveau
A qui voz peintres font un ignorant bandeau ?
Sont-ce là des arrests d'une femme qui roulle
Sans yeux, au gré des vents, sur l'inconstante boulle :

Troubler tout l'univers pour ceux qui l'ont troublé :
D'un diable emplir le corps d'un esprit endiablé ;
A qui espere au mal arracher l'esperance ;
Aux prudents contre Dieu la vie et la prudence ;
Oster la voix à ceux qui blasphemoient si fort ;
S'ils adjuroient la mort leur envoyer la mort ;
Trancher ceux à morceaux qui detranchoient l'Eglise ;
Aux exquis inventeurs donner la peine exquise ;
Frapper les froids meschants d'une froide langueur ;
Embrazer les ardents d'une boüillante ardeur ;
Brider ceux qui bridoient la loüange divine ;
La vermine du puits estouffer de vermine ;
Rendre dedans le sang les sanglants submergez,
Livrer le loup au loup, le fol aux enragez ;
Pour celui qui enfloit le cours d'une harangue
Contre Dieu, l'estouffer d'une enflure de langue ?

   J'ay crainte, mon lecteur, que tes esprits, lassez
De mes tragicques sens, ayent dict : C'est assez !
Certes, ce seroit trop si noz ameres plaintes
Vous contoient des romans les charmeresses feintes.
Je n'escris point à vous, enfants de vanité,
Mais recevez de moi, enfants de verité,
Ainsy qu'en un faisceau les terreurs demi-vives,
Testaments d'Antioch, repentances tardives,
Le sçavoir prophané, les souspirs de Spera
Qui sentit ses forfaicts et s'en desespera ;
Ceux qui, dans Orleans, sans chiens et sans morsures,
Furent frappez de rage, à qui les mains impures

Des peres, meres, sœurs et freres et tuteurs
Ont apporté la fin, tristes executeurs ;
De Lizet l'orgueilleux la rude ignominie,
De luy, de son Simon la mortelle manie,
La lepre de Romma et celle qu'un plus grand
Pour les siens et pour soy perpetuelle prend ;
Le despoir des Morins, dont l'un à mort se blesse,
Les foyers de Ruzé et de Faye d'Espesse.

  Icy le haut tonnant sa voix grosse hors met,
Et guerre, et soulphre et feu sur la guerre transmet,
Faict la charge sonner par l'airain du tonnerre.
Il a la mort, l'enfer, souldoyez pour sa guerre ;
Monté dessus le dos des Cherubins mouvans,
Il vole droict, guindé sur les aisles des vents.
  Un temps, de son Eglise il soustint l'innocence,
Ne marchant qu'au secours, et non à la vengeance ;
Ores aux derniers temps et aux plus rudes jours,
Il marche à la vengeance, et non plus au secours.

JUGEMENT

LIVRE SEPTIÈME

JUGEMENT

Baisse donc, Eternel, tes hauts cieux pour descendr
Frappe les monts cornus, fais-les fumer et fendr
Loge le pasle effroy, la damnable terreur,
Dans le sein qui te hait et qui loge l'erreur ;
Donne aux foibles agneaux la salutaire crainte.
La crainte, et non la peur, rende la peur esteinte.
Pour me faire instrument à ces effets divers,
Donne force à ma voix, efficace à mes vers ;
A celui qui t'advoüe, ou bien qui te renonce.
Porte l'heur ou malheur, l'arrest que je prononce.
   Pour neant nous semons, nous arrousons en vain,
Si l'esprit de vertu ne porte dans sa main

L'heureux accroissement. Pour les hautes merveilles,
Les Pharaons ferrez n'ont point d'yeux, ni d'oreilles,
Mais Paul et ses pareils à la splendeur d'en haut
Prennent l'estonnement pour changer comme il faut.
Dieu veut que son image en nos cœurs soit emprainte,
Estre craint par amour, et non aimé par crainte ;
Il hait la pasle peur d'esclaves fugitifs,
Il ayme ses enfants amoureux et craintifs.

 Qui seront les premiers sur lesquels il desploye
Ce pacquet à malheur ou à parfaicte joye?
Je viens à vous, des deux fidelle messager,
De la gehenne sans fin à qui ne veut changer,
Et à qui m'entendra, comme Paul Ananie,
Ambassadeur portant et la veüe et la vie.

 A vous la vie, à vous qui pour Christ la perdez,
Et qui, en la perdant, très seure la rendez,
La mettez en lieu fort, imprenable, en bonn'ombre,
N'attachans la victoire et le succez au nombre ;
A vous, soldats sans peur, qui presque en toutes parts
Voyez vos compagnons par la frayeur esparts,
Ou, par l'espoir de l'or, les frequentes revoltes,
Satan qui prend l'yvroye et en faict ses recoltes,
Dieu tient son van trieur pour mettre l'aire en poinct
Et consumer l'esteule au feu qui ne meurt point.
Ceux qui à l'eau d'Oreb feront leur ventre boire
Ne seront point choisis compagnons de victoire.
Le Gedeon du Ciel, que ses freres voulaient
Mettre aux mains des tyrans alors qu'ils les fouloient,

Destruisant par sa mort un angelicqu'ouvrage,
Aymants mieux estre serfs que suivre un haut courage;
Le grand Jerobaal n'en tria que trois cents,
Prenant les diligents pour dompter les puissants,
Vainqueur maugré les siens, qui par poltronnerie
Refusoient à son heur l'assistance et la vie.
Quand vous verrez encor les asservis mastins
Dire : « Nous sommes serfs des princes philistins »,
Vendre à leurs ennemis leurs Sansons et leurs braves,
Sortez trois cents choisis et de cœurs non esclaves.
Sans conter Israel, lappez en haste l'eau,
Et Madian sera deffaict par son couteau.
Là trente mille avaient osté l'air à vos faces :
A vos fronts triomphants ils vont quitter leur place.
Vos grands vous estouffoient, magnanimes guerriers :
Vous leverez en haut la cime à vos lauriers.
Du fertil champ d'honneur Dieu cercle ses espines
Pour en faire succer l'humeur à vos racines.
Si mesmes de vos troncs vous voyez assecher
Les rameaux vos germains, c'est qu'ils souloient cacher
Et vos fleurs, et vos fruicts, et vos branches plus vertes,
Qui plus rempliront l'air estant plus descouvertes.

    Telle est du sacré mont la generation
Qui au sein de Jacob met son affection.
Le jour s'approche auquel auront ses debonnaires
Fermes prosperitez, victoires ordinaires;
Voire dedans leurs licts il faudra qu'on les oye
S'esgayer en chantant de tressaillante joye.

Ilz auront tout d'un temps à la bouche leurs chants,
Et porteront au poing un glaive à deux tranchants
Pour fouller à leurs pieds, pour destruire et deffaire
Des ennemis de Dieu la canaille adversaire,
Voire pour empongner et mener prisonniers
Les empereurs, les roys et princes les plus fiers,
Les mettre aux ceps, aux fers, punir leur arrogance
Par les effects sanglants d'une juste vengeance ;
Si que ton pied vainqueur tout entier baignera
Dans le sang qui du meurtre à tas regorgera,
Et dedans le canal de la tuerie extresme
Les chiens se gorgeront du sang de leur chef mesme.
 Je retourne à la gauche, ô esclaves tondus !
Aux diables faux marchands et pour neant vendus,
Vous leur avez vendu, livré, donné en proye,
Ame, sang, vie, honneur ! Où en est la monnoye ?
 Je vous voy là cachez, vous que la peur de mort
A faict si mal choisir l'abysme pour le port
Vous dans l'esprit desquels une frivolle crainte
A la crainte de Dieu et de l'enfer esteinte,
Que l'or faux, l'honneur vain, les serviles estats
Ont rendu revoltez, parjures, apostats ;
De qui les genoux las, les inconstances molles,
Ploient au gré des vents aux pieds de leurs idolles
Les uns, qui de souspirs montrent ouvertement
Que le fourneau du sein est enflé de tourment ;
Les autres, devenus stupides par usance,
Font dormir, sans tuer, la pasle conscience,

Qui se resveille et met, forte par son repos,
Ses aiguillons crochus dans les moëlles des os.
Maquignons de Satan, qui, par espoirs et craintes,
Par feintes pietez et par charitez feintes,
Diligents charlatans, pipez et maniez
Noz rebelles fuitifs, non excommuniez,
Vous vous esjouissez, estants retraicts des vices
Et puants excrements. Gardez nos immondices,
Nos rongneuses brebis, les pestes du troupeau,
Ou galles que l'Eglise arrache de sa peau.
  Je vous en veux à vous, apostats degenères,
Qui lechez le sang frais tout fumant de vos peres
Sur les pieds des tueurs ; serfs qui avez servy
Les bras qui ont la vie à voz peres ravy.
Voz peres sortiront des tombeaux effroyables ;
Leurs images au moins paroistront venerables
A vos sens abbattus, et vous verrez le sang
Qui mesle sur leurs chefs les touffes de poil blanc,
Du poil blanc herissé de vos poltronneries ;
Ces morts reprocheront le present de vos vies.
En lavant, pour disner avec ces inhumains,
Ces peres saisiront vos inutiles mains
En disant : « Voy-tu pas que tes mains faineantes
Lavent soubz celles-là qui, de mon sang gouttantes,
Se purgent dessus toy et versent mon courroux
Sur ta vilaine peau, qui se lave dessous ?
Ceux qui ont retranché les honteuses parties,
Les oreilles, les nez, en triomphe des vies,

En ont faict les cordons des infames chappeaux,
Les enfans de ceux-là caressent tels bourreaux!
O esclave coquin! celuy que tu saluës
De ce puant chappeau espouvante les rües
Et te saluë en serf : un esclave de cœur
N'achepteroit sa vie à tant de deshonneur.
Fais pour ton pere, au moins, ce que fit pour son maistre
Un serf (mais vieux Romain), qui se fit mesconnoistre
De coups en son visage, et puis si bel effort
De venger son Posthume avec si belle mort! »
　Vous armez contre nous, vous aymez mieux la vie
Et devenir bourreaux de vostre compagnie;
Vilains marchands de vous, qui avez mis à prix
Le libre respirer de vos puants esprits;
Assassins pour du pain, meurtriers pasles et blesmes,
Couppe-jarets, bourreaux d'autruy et de vous-mesmes.
Vous cerchez de l'honneur, parricides bastards :
Or, courez aux assauts et volez aux hazards;
Vous baverez en vin le vin de vos bravades;
Cerchez, gladiateurs, en vain les estocades;
Vous n'auriez plus d'honneur, n'osant vous ressentir
Ou d'un soufflet reçeu ou d'un seul dementir.
Desmentir ne soufflet ne sont tel vitupere
Que d'estre le valet du bourreau de son pere.
Vos peres ont changé en retraicts les hauts lieux,
Ils ont foulé aux pieds l'hostie et les faux dieux :
Vous apprendrez, valets, en honteuse vieillesse,
A chanter au lestrain et respondre à la messe.

Trois Bourbons, autrefois de Rome la terreur,
Pourroient-ils voir du ciel, sans ire et sans horreur,
Leur ingrat successeur quitter leur trace et estre
Rinceur de la canette, humble valet d'un prestre,
Luy retordre la queüe, et d'un cierge porté
Faire amende honorable à Satan redouté ?
Que dirois-tu, Bourbon, de ta race honteuse ?
Tu dirois, je le sçay, que l'engeance est doubteuse.
Ils ressusciteront, ces peres triomphants ;
Vous ressusciterez, detestables enfants :
Et honteux, condamnez, sans fuittes ni refuges,
Vos peres de ce temps alors seront vos juges.
 Vray est que les tyrans, avec inicque soing,
Vous mirent à leurs pieds, en rejettant au loing
La veritable voix de tous clients fidelles.
Avec art vous privant de leurs seures nouvelles,
Ils vous ont empesché d'apprendre que Louys,
Et comment il mourut pour Christ et son païs ;
Ils vous ont desrobé de vos ayeuls la gloire,
Imbu vostre berceau de fables pour histoire,
Choisi, pour vous former en moines et cagots
Ou des galands sans Dieu, ou des pedans bigots.
Princes qui, vomissans la salutaire grace,
Tournez au ciel le dos et à l'enfer la face ;
Qui, pour regner icy, esclaves vous rendez,
Sans mesurer le gain à ce que vous perdez,
Vous faictes esclatter aux temples voz musicques,
Vostre cheute fera hurler voz domesticques ;

Au jour de vostre change on vous pare de blanc,
Au jour de son courroux Dieu vous couvre de sang.
Vous avez pris le ply d'atheistes prophanes,
Aymé pour paradis les pompes courtisanes ;
Nourris du laict d'esclave, ainsy assubjectis,
Le sens vainquist le sang et vous fit abbrutis.

   Ainsy de Scanderbeg l'enfance fut ravie
Soubs de tels precepteurs, sa nature asservie
En un serrail coquin ; de delices friand,
Il huma pour son laict la grandeur d'Orient ;
Par la voix des muphtis on emplit ses oreilles
Des faicts de Mahomet et miracles des vieilles ;
Mais le bon sens vainquit l'illusion des sens,
Luy faisant mespriser tant d'arborez croissans
(Les armes qui faisoient courber toute la terre),
Pour au grand empereur oser faire la guerre
Par un petit troupeau ruiné et mal en poinct ;
Se fit le chef de ceux qu'il ne connoissoit point.
De là tant de combats, tant de faicts, tant de gloire,
Que chacun les peut lire, et nul ne les peut croire.
Le ciel n'est plus si riche à noz nativitez,
Il ne nous depart plus de generositez,
Ou bien nous trouverions de ces engeances hautes,
Si les maistres du siecle y faisoient moins de fautes.
Ces œufs en un nid ponds, en un autre couvez,
Se trouvent œufs d'aspic quand ils sont esprouvez ;
Plus tost ne sont esclos que ces mortels viperes
Fichent l'ingrat fisson dans le sein de faux peres,

Ou c'est que le regne est à servir condamné,
Ennemy de vertu et d'elle abandonné.
Quand le terme est escheu des divines justices,
Les cœurs abastardis sont infectez de vices :
Dieu frappe le dedans, oste premierement
Et retire le don de leur entendement ;
Puis, sur le coup qu'il veut nous livrer en servage,
Il faict fondre le cœur et secher le courage.
 Or cependant voicy que promet seurement,
Comme petits pourtraicts du futur jugement,
L'Eternel aux meschants, et sa colere ferme
N'oublie, ains par rigueur se payera du terme.
Il n'y a rien du mien ni de l'homme en ce lieu.
Voicy les propres mots des organes de Dieu :
 « Vous qui persecutez par fer mon heritage,
Vos flancs ressentiront le prix de vostre ouvrage :
Car je vous frapperai d'espais aveuglements,
De playes de l'Egypte et de forcenements.
Princes qui commettez contre moy felonnie,
Je vous arracheray le sceptre avant la vie ;
Vos filles se vendront à vos yeux impuissants,
On les violera ; leurs effroys languissants
De vos bras enferrez n'auront point d'assistance,
Vos valets vous vendront à la brute puissance
De l'avare achepteur, pour tirer en sueurs
De vos corps goutte à goutte autant ou plus de pleurs
Que vos commandements n'en ont versé par terre.
Vermisseaux impuissants, vous m'avez faict la guerre,

Vos mains ont chastié la famille de Dieu,
O verges de mon peuple ! et vous irez au feu.
Vous, barbares citez, quittez le nom de France
Attendants les esprits de la haute vengeance :
Vous qui de faux parfums enfumastes Leté,
Qui de si bas avez pû le ciel irriter,
Il faut que ces vengeurs en vous justice rendent,
Que pour les recevoir vos murailles se fendent
Et comme en Hiericho vos bastions soient mis
En poudre aux yeux, aux voix des braves ennemis.
Vous, sanglantes citez (Sodomes aveuglées),
Qui, d'aveugles courroux contre Dieu desreiglées,
N'avez transy d'horreur aux visages transis,
Puantes de la chair, du sang de mes occis. »

 Entre toutes, Paris, Dieu en son cœur imprime
Tes enfans qui crioient sur la Hierosolyme,
A ce funeste jour que l'on la destruisoit.
L'Eternel se souvient que chacun d'eux disoit :
« A sac, l'Eglise, à sac, qu'elle soit embrazée
« Et jusqu'au dernier pied des fondements razée ! »
Mais tu seras un jour labourée en sillons,
Babel, où l'on verra les os et les charbons,
Reste de ton palais et de ton marbre en cendre.
Bien heureux l'estranger qui te sçaura bien rendre
La rouge cruauté que tu as sçeu cercher ;
Juste le reistre noir, volant pour arracher
Tes enfans acharnez à ta mamelle impure,
Pour les froisser brisez contre la pierre dure ;

Maudit sera le fruict que tu tiens en tes bras,
Dieu maudira du ciel ce que tu beniras :
Puante jusqu'au ciel, l'œil de Dieu te deteste,
Il attache à ton dos la devorante peste
Et le glaive et la faim dont il fera mourir
Ta jeunesse et ton nom pour tout jamais perir.

   Soubs toy, Hierusalem meurtriere, revoltée,
Hierusalem qui es Babel ensanglantée,
Comme en Hierusalem, diverses factions
Doubleront par les tiens tes persecutions ;
Comme en Hierusalem, de tes portes rebelles
Tes mutins te feront prisons et citadelles ;
Ainsy qu'en elle encor, tes bourgeois affolez,
Tes bouttefeux, prendront le faux nom de zelez.
Tu mangeras, comme elle, un jour la chair humaine,
Tu subiras le joug pour la fin de ta peine,
Puis tu auras repos : ce repos sera tel
Que reçoit le mourant avant l'accez mortel.
Juifs, Parisiens, très-justement vous estes ;
Comme eux traistres, comme eux massacreurs des prophetes.
Je voy courir les maux, approcher je les voy,
Au siege languissant par la main de ton roy.

   Citez yvres de sang et de sang alterées,
Qui avez soif de sang et de sang enyvrées,
Vous sentirez de Dieu l'espouvantable main ;
Voz terres seront fer, et vostre ciel d'airain :
Ciel qui au lieu de pluye envoye sang et poudre,
Terre de qui les bleds n'attendent que le foudre.

Vous ne semez que vent en steriles sillons,
Vous n'y moissonnerez que volants tourbillons
Qui à voz yeux pleurants, folle et vaine canaille,
Feront piroüetter les esprits et la paille.
Ce qui en restera et deviendra du grain
D'une bouche estrangere estanchera la faim :
Dieu suscite de loing, comme une espaisse nüe,
Un peuple tout sauvage, une gent inconüe,
Impudente de front, qui n'aura, triomphant,
Ni respect du vieillard ni pitié de l'enfant,
A qui ne servira la piteuse harangue.
Tes passions n'auront l'usage de la langue :
De tes faux citoyens les detestables corps
Et les chefs traineront exposez au dehors :
Les corbeaux resjouis, tous gorgez de charogne,
Ne verront à l'entour aucun qui les eslogne :
Tes ennemis feront, au milieu de leur camp,
Foire de tes plus forts, qui, vendus à l'encan,
Ne seront encheris : aux villes assiegées,
L'œil have et affamé des femmes enragées
Regardera la chair de leurs maris aymez ;
Les maris forcenez lançeront affamez
Les regards alouvis sur les femmes aimées,
Et les deschireront de leurs dents affamées.
Quoy plus : celles qui lors en deuil enfanteront,
Les enfants demi-nais du ventre arracheront,
Et du ventre à la bouche, affin qu'elles survivent,
Porteront l'avorton et les peaux qui le suivent.

Ce sont du jugement à venir quelques traicts,
De l'enfer preparez les debiles pourtraicts ;
Ce ne sont que miroërs des peines eternelles :
O quels seront les corps dont les ombres sont telles !
    Atheistes vaincus, vostre infidelité
N'amusera le cours de la Divinité ;
L'Eternel jugera et les corps et les ames,
Les benits à la gloire et les autres aux flammes.
Le corps, cause du mal, complice du peché,
Des verges de l'esprit est justement touché ;
Il est cause du mal : du juste la justice
Ne versera sur l'un de tous deux le supplice.
De ce corps les cinq sens ont esmeu les desirs ;
Les membres, leurs valets, ont servy aux plaisirs.
Encor plus criminels sont ceux-là qui incitent.
Or, s'il les faut punir, il faut qu'ils ressuscitent.
Je dis plus, que la chair par contagion rend
Violence à l'esprit, qui long-temps la deffend.
Elle, qui de raisons son ame pille et prive,
Il faut que pour sentir la peine elle revive.
    N'apportez point icy, Saduciens pervers,
Les corps mangez des loups : qui les tire des vers
Des loups les tirera. Si on demande comme
Un homme sortira hors de la chair de l'homme
Qui l'aura dévoré, quand l'homme par la faim
Aux hommes a servi de viande et de pain,
En vain vous avez peur que la chair devorée
Soit en dispute à deux : la nature ne crée

Nulle confusion parmy les elements ;
Elle sçait distinguer d'entre les excrements
L'ordre qu'elle se garde. Ainsy, elle demande
A l'estomach entiere et pure la viande :
La nourriture impropre est sans corruption
Au feu de l'estomach par l'indigestion,
Et Nature, qui est grand principe de vie,
N'a-elle le pouvoir qu'aura la maladie?
Elle qui du confus de tout temperament
Faict un germe parfaict tiré subtilement,
Ne peut-elle choisir de la grande matiere
La naissance seconde ainsy que la premiere?

   Enfans de vanité, qui voulez tout poly,
A qui le style sainct ne semble assez joly,
Qui voulez tout coulant et coulez perissables
Dans l'eternel oubly, endurez mes vocables
Longs et rudes ; et, puis que les oracles saincts
Ne vous esmeuvent pas, aux philosophes vains
Vous trouverez encor, en doctrine cachée,
La resurrection par leurs escrits preschée.

   Ils ont chanté que quand les esprits bien-heureux,
Par la voye du laict, auront faict nouveaux feux,
Le grand moteur fera, par ses metamorphoses,
Retourner mesmes corps au retour de leurs causes.
L'air, qui prend de nouveau tousjours de nouveaux corps,
Pour loger les derniers met les premiers dehors.
Le feu, la terre et l'eau en font de mesme sorte.
Le depart eslogné de la matiere morte

Faict son rond et retourne encor en mesme lieu,
Et ce tour rend tousjours la presence de Dieu.
Ainsy le changement ne sera la fin nostre :
Il nous change en nous-mesme, et non point en un autre,
Il cerche son estat, fin de son action.
C'est au second repos qu'est la perfection.
Les elements muants en leurs reigles et sortes,
Rapellent, sans cesser, les creatures mortes
En nouveaux changements. Le but et le plaisir
N'est pas là, car changer est signe de desir.
Mais, quand le ciel aura achevé la mesure,
Le rond de tous ses ronds, la parfaicte figure ;
Lors que son encyclie aura parfaict son cours
Et ses membres unis pour la fin de ses tours,
Rien ne s'engendrera : le temps, qui tout consomme,
En l'homme amenera ce qui fut faict de l'homme.
Lors la matiere aura son repos, son plaisir,
La fin du mouvement et la fin du desir.
  Quant à tous autres corps qui ne pourront renaistre,
Leur estre et leur estat estoit de ne plus estre.
L'homme, seul raisonnable, eut l'ame de raison ;
Cette ame unit à soy d'entiere liaison
Ce corps essentié du pur de la nature,
Qui doit durer autant que la nature dure.
Les corps des bestes sont de nature excrement,
Desquels elle se purge et dispose autrement,
Comme materielle estant leur force, et pource
Que de matiere elle a sa puissance et sa source,

Cette puissance mise en acte par le corps
Mais l'ame des humains toute vient du dehors,
Et l'homme, qui raisonne une gloire eternelle
(Hoste d'eternité), se fera tel comme elle.
L'ame, toute divine, eut inclination
A son corps, et cette ame à sa perfection.
Pourra elle manquer de ce qu'elle souhaitte,
Oublier ou changer, sans se faire imparfaicte?
Ce principe est très-vray que l'instinct naturel
Ne souffre manquement qui soit perpetuel.
Quand nous considerons l'airain qui s'achemine
De la terre bien cuitte en metal, de la mine
Au fourneau; au fourneau on l'affine; l'ouvrier
Le meine à son dessein pour fondre un chandelier.
Nul de tous ces estats n'est la fin, sinon celle
Qu'avoit l'entrepreneur pour but en sa cervelle.
Nostre efformation, nostre dernier repos,
Est, selon l'exemplaire, et le but et propos
De la cause premiere, ame qui n'est guidée
De prototype, estant soy-mesme son idée.
L'homme à sa gloire est faict: telle creation
Du but de l'Eternel prend efformation.
Ce qui est surceleste et sur nos connoissances
Partage du très-pur et des intelligences.
Si lieu se peut nommer sera le sacré lieu
Annobly du changer, habitacle de Dieu.
Mais ce qui a servi au monde sousceleste,
Quoyque très-excellent, suivra l'estat du reste.

L'homme de qui l'esprit et penser est porté,
Dessus les Cieux des Cieux, vers la divinité
A servir, adorer, contempler et connoistre,
Puis qu'il n'y a mortel que l'abject du bas estre,
Est exempt de la loy qui soubs la mort se rend,
Et de ce privilege a le Ciel pour garand.
　Si aurez-vous, payens, pour juges voz pensées.
Sans y penser au vent par vous-mesmes poussées
En voz laborieux et si doctes escrits,
Où entiers vous voulez, compagnons des esprits,
Avoir droict quelque jour. De voz sens le service
Et voz doigts auroient-ils faict un si haut office
Pour n'y participer? Nenny : vos nobles cœurs
Pour des esprits ingrats n'ont semé leurs labeurs.
Si voz sens eussent creu s'en aller en fumée,
Ils n'eussent tant sué pour la grand renommée.
Les poinctes de Memphis, ses grands arcs triomphaux,
Obelisques logeant les cendres aux lieux hauts,
Les travaux sans utile eslevez pour la gloire,
Promettoient à voz sens part en cette memoire.
　Qu'ay-je dit de la cendre eslevée en haut lieu ?
Adjoustons que le corps n'estoit mis au milieu
Des bustes ou buchers, mais en cime à la poincte,
Et, pour montrer n'avoir toute esperance esteinte,
La face descouverte, ouverte vers les cieux,
Vuide d'esprit, pour soy esperoit quelque mieux.
Mais à quoy pour les corps ces despences estranges,
Si ces corps n'estoient plus que cendres et que fanges?

Les Tragiques. — T. II.

A quoy tant pour un rien? A quoy les rudes loix
Qui arment les tombeaux de franchises et droicts
Dont vous aviez orné les corps morts de voz peres?
Appellez-vous en vain sacrez voz cimitieres?
 Ces pourtraicts excellens, gardez de pere en filz,
De bronze pour durer, de marbre, d'or exquis,
Ont-ils pourtraict les corps, ou l'ame qui s'envolle?
La royne de Carie a mis pour son Mausole
Tant de marbre et d'yvoire, et qui plus est encor
Que l'yvoire et le marbre, ell' a pour son thresor
En garde à son cher cœur cette cendre commise :
Son sein fut un sepulchre, et la brave Artemise
A de l'antiquité les proses et les vers.
Elle a faict exalter par tout cet univers
Son ouvrage construit d'estoffe nonpareille :
Vous en avez dressé la seconde merveille.
Voz sages auroient-ils tant escrit et si bien
A chanter un erreur, à exalter un rien?
 Vous appelez divins les deux où je veux prendre
Ces axiomes vrais : oyez chanter Pymandre,
Apprenez dessoubs luy les secrets qu'il apprend
De Mercure, par vous nommé trois fois très-grand.
 De tout la gloire est Dieu : cette essence divine
Est de l'universel principe et origine :
Dieu, Nature et pensée, est en soy seulement
Acte, necessité, fin, renouvellement.
A son poinct il conduit astres et influences
En cercles moindres, grands soubs leurs intelligences,

Ou anges par qui sont les esprits arrestez,
Dès la huictiesme sphere à leurs corps apprestez,
Demons distributeurs des renaissantes vies
Et des arrests qu'avoient escrit les ancyclies.
Ces officiers du ciel, diligents et discrets
Administrent du ciel les mysteres secrets,
Et insensiblement mesnagent en ce monde
De naistre et de finir toute cause seconde.
Tout arbre, graine, et fleur, et beste, tient de quoy
Se resemer soy-mesme et revivre par soy :
Mais la race de l'homme a la teste levée,
Pour commander à tout cherement reservée :
Un tesmoing de Nature à discerner le mieux,
Augmenter, se mesler dans les discours des dieux,
A connoistre leur estre et nature et puissance,
A prononcer des bons et mauvais la sentence.
Cela se doit resoudre et finir hautement
En ce qui produira un ample enseignement,
Quand des divinitez le cercle renouvelle,
Le monde a conspiré que Nature eternelle
Se maintienne par soy, puisse, pour ne perir,
Revivre de sa mort et seiche refleurir.
Voyez dedans l'ouvroir du curieux chimicque :
Quand des plantes l'esprit et le sel il praticque,
Il reduit tout en cendre, en faict lessive, et fait
De cette mort revivre un ouvrage parfaict :
L'exemplaire secret des idées encloses
Au sepulchre ranime et les lis et les roses,

Racines et rameaux, tiges, feuilles et fleurs
Qui font briller aux yeux les plus vives couleurs,
Ayants le feu pour pere et pour mere la cendre :
Leur resurrection doibt aux craintifs apprendre
Que les bruslez desquels on met la cendre au vent
Se relevent plus vifs et plus beaux que devant.
Que si nature faict tels miracles aux plantes
Qui meurent tous les ans, tous les ans renaissantes,
Elle a d'autres secrets et thresors de grand prix
Pour le prince establiy au terrestre pourpris ;
Le monde est animant, immortel ; il n'endure
Qu'un de ses membres chers autant que luy ne dure.
Ce membre de haut prix, c'est l'homme raisonnant,
Du premier animal le chef-d'œuvre eminent ;
Et quand la mort dissout son corps, elle ne tüe
Le germe non mortel qui le tout restitüe.
La dissolution qu'ont soufferte les morts
Les prive de leur sens, mais ne destruit le corps :
Son office n'est pas que ce qui est perisse,
Bien que tout le caduc renaisse et rajeunisse :
Nul esprit ne peut naistre : il paroist de nouveau.
L'esprit n'oublie point ce qui reste au tombeau.

Soit l'image de Dieu l'éternité profonde,
De cette éternité soit l'image le monde,
Du monde le soleil sera l'image et l'œil,
Et l'homme est en ce monde image du soleil.

Payens, qui adorez l'image de Nature,
En qui la vive voix, l'exemple et l'escriture

N'authorise le vray, qui dites : « Je ne croy,
Si du doigt et de l'œil je ne touche et ne voy »,
Croyez comme Thomas, au moins après la veüe :
Il ne faut point voler au dessus de la nue;
La terre offre à vos sens dequoi le vray sentir
Pour vous convaincre assez, sinon vous convertir.
 La terre en plusieurs lieux conserve sans dommage
Les corps, si que les filz marquent de leur lignage
Jusques à cent degrez les organes parez
A loger les esprits qui furent separez :
Nature ne les veut frustrer de leur attente.
Tel spectacle en Aran à qui veut se presente.
Mais qui veut voir le Caire et en un lieu prefix
Le miracle plus grand de l'antique Memphis,
Justement curieux et pour s'instruire prenne
Autant ou un peu moins de peril et de peine
Que le bigot seduit, qui de femme et d'enfans
Oublie l'amitié, pour abbreger ses ans
Au labeur trop ingrat d'un sot et long voyage.
Si de Syrte et Charibde il ne tombe au naufrage,
Si de peste il ne meurt, du mal de mer, du chaud
Si le corsaire Turc le navire n'assaut,
Ne met à sa chiorme et puis ne l'endoctrine
A coups d'un roide nerf à ployer par l'eschine,
Il void Hierusalem et le lieu supposé
Où le Turc menteur dict que Christ a reposé,
Rid et vend cher son ris ; les sottes compagnies
Des pelerins s'en vont, affrontez de vanies.

Ce voyage est facheux, mais plus rude est celuy
Que les faux musulmans font encore aujourd'hui,
Soit des deux bords voisins de l'Europe et d'Azie,
Soit de l'Archipelage ou de la Natolie.
Ceux qui boivent d'Euphrate ou du Tygre les eaux
Auxquels il faut passer les perilleux monceaux
Et percer les brigands d'Arabie deserte,
Ou ceux de Tripoli, de Panorme, Biserte,
Le riche Ægyptien et les voisins du Nil :
Ceux-là vont mesprisant tout labeur, tout peril
De la soif sans liqueur, des tourmentes de sables
Qui enterrent dans soy tous vifs les miserables,
Qui à pied, qui sur l'asne ou lié comme un veau
A ondes va pelant les bosses d'un chameau,
Pour voir le Mecque ou bien Talnaby de Medine :
Là cette caravanne et bigotte et badine
Adore Mahomet dans le fer estendu
Que la voute d'aymant tient en l'air suspendu :
Là se crève les yeux la bande musulmane
Pour, après lieu si sainct, ne voir chose prophane.
 Je donne moins de peine aux curieux payens,
Des chemins plus aisez, plus faciles moyens.
Tous les puissants marchands de ce nostre hemisphere
Content pour pourmenoir le chemin du grand Caire.
Là prez est la coline où vont de toutes parts,
Au point de l'equinoxe, au vingte-cinq de mars,
La gent qui, comme un camp, loge dessous la tente,
Quand la terre paroist verte, ressuscitante,

JUGEMENT

Pour voir le grand tableau qu'Ezechiel depeint,
Merveille bien visible et miracle non feint :
La resurrection ; car de ce nom l'appelle
Toute gent qui court là, l'un pour chose nouvelle,
L'autre pour y cercher avec la nouveauté
Un bain miraculeux, ministre de santé.
L'œil se plaist en ce lieu, et puis des mains l'usage
Redonne aux yeux troublez un ferme tesmoignage.
On void les os couverts de nerfs, les nerfs de peau,
La teste de cheveux ; on void à ce tombeau
Percer en mille endroicts les arenes bouillantes
De jambes et de bras et de testes grouillantes.
D'un coup d'œil on peut voir vingt mille spectateurs
Soupçonner ce qu'on void, muets admirateurs.
Ravis en contemplant ces œuvres nonpareilles,
Levent le doigt en haut vers le Dieu des merveilles.
Quelqu'un d'un jeune enfant, en ce troupeau, voyant
Les cheveux crespelus, le teinct fraiz, l'œil riant,
L'empoigne ; mais, oyant crier un barbe grise,
Ante matharafde kali, quitte la prise.

 De pere en filz, l'Eglise a dit qu'au temps passé
Un trouppeau de chrestiens, pour prier amassé,
Fut en pièces taillé par les mains infidelles
Et rendit en ce lieu les ames immortelles,
Qui, pour donner au corps gage de leurs amours,
Leur donne tous les ans leur presence trois jours.
Ainsy le Ciel d'accord uni à vostre mere :
Ces deux (filz de la Terre) en ce lieu veulent faire

Vostre leçon, daignans en ce poinct s'approcher
Pour un jour leur miracle à vos yeux reprocher.
  Doncques chacun de vous, pauvres payens, contemple,
Par l'effort de raison ou celuy de l'exemple,
Ce que jadis sentit le troupeau tant prisé
Des escrits où nature avoit thesaurisé :
Bien que du sens la taye eust occupé leur veüe,
Qu'il y ait tousjours eu le voile de la nüe
Entr'eux et le soleil, leur marque, leur défaut
Vous fasse desirer de vous lever plus haut :
Haussez-vous sur les monts que le soleil redore,
Et vous prendrez plaisir de voir plus haut encore.
Ces hauts monts que je dis sont prophètes, qui font
Demeure sur les lieux où les nuages sont.
C'est le cayer sacré, le palais des lumières,
Les sciences, les arts ne sont que chambrieres.
Suivez, aimez Sara, si vous avez dessein
D'estre filz d'Abraham retirez en son sein :
Là les corps des humains et les ames humaines,
Unis au grand triomphe aussy bien comme aux peines,
Se rejoindront ensemble et prendront en ce lieu
Dans leurs fronts honorez l'image du grand Dieu.
  Resjouissez-vous donc, ô vous, ames celestes !
Car vous vous referez de voz piteuses restes :
Resjouissez-vous donc, corps gueris du mespris !
Heureux, vous reprendrez voz plus heureux esprits.
Vous voulustes, esprits, et le ciel et l'air fendre
Pour aux corps preparez du haut ciel descendre ;

Vous les cerchastes lors, ore ils vous cercheront,
Ces corps par vous aymez encor vous aimeront :
Vous vous fistes mortels pour voz pauvres femelles,
Elles s'en vont pour vous et par vous immortelles.
  Mais quoy! c'est trop chanter, il faut tourner les yeux,
Esblouis de rayons, dans le chemin des cieux :
C'est faict : Dieu vient reigner; de toute prophetie
Se void la période à ce poinct accomplie.
La terre ouvre son sein, du ventre des tombeaux
Naissent des enterrez les visages nouveaux :
Du pré, du bois, du champ, presque de toutes places
Sortent les corps nouveaux et les nouvelles faces.
Icy, les fondements des chasteaux rehaussez
Par les ressuscitans promptement sont percez ;
Icy, un arbre sent des bras de sa racine
Grouiller un chef vivant, sortir une poictrine;
Là, l'eau trouble bouillonne, et puis, s'esparpillant,
Sent en soy des cheveux et un chef s'esveillant.
Comme un nageur venant du profond de son plonge,
Tous sortent de la mort comme l'on sort d'un songe.
Les corps par les tyrans autrefois deschirez
Se sont en un moment à leurs corps asserrez,
Bien qu'un bras ait vogué par la mer escumeuse.
De l'Affricque bruslée en Tyle froiduleuse,
Les cendres des bruslez volent de toutes parts ;
Les brins, plus tost unis qu'ils ne furent espars,
Viennent à leur posteau en cette heureuse place,
Riants au ciel riant d'une aggreable audace.

Le curieux s'enquiert si le vieux et l'enfant
Tels qu'ils sont jouiront de l'estat triomphant,
Leurs corps n'estans parfaicts ou deffaicts en viellesse :
Sur quoy, la plus hardie ou plus haute sagesse
Ose presupposer que la perfection
Veut en l'aage parfaict son elevation,
Et la marquent au poinct des trente-trois années
Qui estoient en Jesus closes et terminées
Quand il quitta la terre et changea, glorieux,
La croix et le sepulchre au tribunal des cieux.
Venons de cette douce et pieuse pensée
A celle qui nous est aux saincts escrits laissée.

 Voicy le filz de l'homme et du grand Dieu le filz,
Le voicy arrivé à son terme prefix.
Des-jà l'air retentit et la trompette sonne,
Le bon prend asseurance et le meschant s'estonne ;
Les vivants sont saisis d'un feu de mouvement,
Ils sentent mort et vie en un prompt changement ;
En une période ils sentent leurs extrêmes,
Ils ne se trouvent plus eux-mesmes comme eux-mesmes :
Une autre volonté et un autre sçavoir
Leur arrache des yeux le plaisir de se voir ;
Le ciel ravit leurs yeux : du ciel premier l'usage
N'eust peu du nouveau ciel porter le beau visage.
L'autre ciel, l'autre terre ont cependant fuy ;
Tout ce qui fut mortel se perd esvanouy.
Les fleuves sont seichez, la grand mer se desrobe :
Il falloit que la terre allast changer de robbe.

Montagnes, vous sentez douleurs d'enfantements,
Vous fuiez comme agneaux, ô simples elements !
Cachez-vous, changez-vous ; rien mortel ne supporte
La voix de l'Eternel, ni sa voix rude et forte.
Dieu paroist ; le nuage d'entre luy et nos yeux
S'est tiré à l'escart, il est armé de feux ;
Le ciel neuf retentit du son de ses louanges ;
L'air n'est plus que rayons, tant il est semé d'anges.
Tout l'air n'est qu'un soleil ; le soleil radieux
N'est qu'une noire nuict au regard de ses yeux ;
Car il brusle le feu, au soleil il esclaire,
Le centre n'a plus d'ombre et ne suit sa lumière.
 Un grand ange s'escrie à toutes nations :
« Venez respondre icy de toutes actions :
L'Eternel veut juger. » Toutes ames venües
Font leurs siéges en rond en la voute des nües,
Et là les cherubins ont au milieu planté
Un throsne rayonnant de saincte majesté :
Il n'en sort que merveille et qu'ardente lumière.
Le soleil n'est pas faict d'une estoffe si claire ;
L'amas de tous vivans en attend justement
La desolation ou le consentement.
Les bons du Sainct-Esprit sentent le tesmoignage ;
L'aise leur saute au cœur et s'espand au visage,
Car, s'ils doivent beaucoup, Dieu leur en a faict don :
Ils sont vestus de blanc et lavez de pardon.
O tribus de Juda ! vous estes à la dextre ;
Edom, Moab, Agar, tremblent à la senestre.

Les tyrans, abbatus, pasles et criminels,
Changent leurs vains honneurs aux tourments eternels.
Ils n'ont plus dans le front la furieuse audace,
Ils souffrent en tremblant l'imperieuse face,
Face qu'ils ont frappée, et remarquent assez
Le chef, les membres saincts qu'ils avoient transpercez
Ils le virent lié, le voicy les mains hautes :
Ces severes sourcils viennent conter leurs fautes.
L'innocence a changé sa crainte en majestés,
Son roseau en acier tranchant des deux costés,
Sa croix au tribunal de presence divine.
Le Ciel l'a couronné, mais ce n'est plus d'espine :
Ores viennent trembler à cest acte dernier
Les condamneurs aux pieds du juste prisonnier.

 Voicy le grand herault d'une estrange nouvelle,
Le messager de mort, mais de mort eternelle,
Qui se cache ? qui fuit devant les yeux de Dieu ?
Vous, Caïns fugitifs, où trouverez-vous lieu ?
Quand vous auriez les vents collez soubs vos aisselles
Ou quand l'aube du jour vous presteroit ses aisles,
Les monts vous ouvriroient le plus profond rocher,
Quand la nuict tascheroit en sa nuict vous cacher,
Vous enceindre la mer, vous enlever la nüe,
Vous ne fuiriez de Dieu ni le doigt ni la veüe.
Or voicy les lyons de torches acculez,
Les ours à nez percez, les loups emmuzelez :
Tout s'eslève contre eux : les beautez de Nature,
Que leur rage troubla de venin et d'ordure,

JUGEMENT

Se confrontent en mire et se lèvent contr'eux.
« Pourquoi (dira le Feu) avez-vous de mes feux,
Qui n'estoient ordonnez qu'à l'usage de vie,
Faict des bourreaux, valets de vostre tyrannie ? »
L'Air encor une fois contr'eux se troublera,
Justice au juge sainct, trouble, demandera,
Disant : « Pourquoy, tyrans et furieuses bestes,
M'empoisonnastes-vous de charongnes, de pestes,
Des corps de vos meurtris ? » — « Pourquoy, diront les Eaux,
Changeastes-vous en sang l'argent de nos ruisseaux ? »
Les Monts, qui ont ridé le front à vos supplices :
« Pourquoy nous avez-vous rendu vos precipices ?
— Pourquoy nous avez-vous, diront les Arbres, faicts
D'arbres delicieux, execrables gibets ? »
Nature, blanche, vive et belle de soy mesme,
Presentera son front ridé, fascheux et blesme
Aux peuples d'Italie et puis aux nations
Qui les ont enviez en leurs inventions,
Pour, de poison meslé au milieu des viandes,
Tromper l'amere mort en ses liqueurs friandes,
Donner au meurtre faux le mestier de nourrir,
Et soubs les fleurs de vie embuscher le mourir.
La Terre, avant changer de lustre, se vient plaindre
Qu'en son ventre l'on fit ses chers enfants esteindre,
En les enterrant vifs, l'ingenieux bourreau
Leur dressant leur supplice en leur premier berceau
La Mort tesmoignera comment ils l'ont servie ;
La Vie preschera comment ils l'ont ravie ;

L'Enfer s'esveillera ; les calomniateurs
Cette fois ne seront faux prevaricateurs :
Les livres sont ouverts ; là paroissent les roolles
De noz salles pechez, de noz vaines parolles.
Pour faire voir du pere aux uns l'affection,
Aux autres la justice et l'execution.

 Conduicts, Esprit très sainct, en cet endroict ma bouche
Que par la passion plus exprès je ne touche
Que ne permet ta reigle, et que, juge leger,
Je n'attire sur moy jugement pour juger.
Je n'annonçeray donc que ce que tu annonce,
Mais je prononce autant comme ta loy prononce :
Je ne marque de tous que l'homme condamné
A qui mieux il vaudroit n'avoir pas esté né.

 Voicy donc, Antechrist, l'extraict des faicts et gestes
Tes fornications, adulteres, incestes,
Les pechez où Nature a tourné à l'envers,
La bestialité, les grands bourdeaux ouverts,
Le tribut exigé, la bulle demandée
Qui a la Sodomie en esté concedée ;
La place de tyran conquise par le fer,
Les fraudes qu'exerça ce grand tison d'enfer,
Les empoisonnements, assassins, calomnies,
Les degasts des pays, des hommes et des vies,
Pour attraper les clefs ; les contracts, les marchez
Des diables stipulans subtilement couchez ;
Tous ceux-là que Satan empoigna dans ce piége,
Jusques à la putain qui monta sur le siége.

L'aisné filz de Satan se souviendra, maudit,
De son throsne eslevé d'avoir autrefois dit :
« La gent qui ne me sert, ains contre moy conteste,
Pourrira de famine et de guerre et de peste.
Roys et roynes viendront au siége où je me sieds,
Le front embas, lescher la poudre soubs mes pieds;
Mon regne est à jamais, ma puissance eternelle;
Pour monarcque me sert l'Eglise universelle;
Je maintiens le Papat tout-puissant en ce lieu,
Où, si Dieu je ne suis, pour le moins vice-Dieu. »
Filz de perdition, il faut qu'il te souvienne
Quand le serf commandeur de la gent Rhodiene,
Veautré, baisa tes pieds, infame serviteur,
Puis chanta se levant : « Or laisse, createur. »
  Appollyon, tu as en ton impure table
Prononcé, blasphemant, que Christ est une fable;
Tu as renvoyé Dieu, comme assez empesché,
Aux affaires du ciel, faux homme de peché.
  Or il faut à ses pieds ses blasphemes et tiltres
Poser, et avec eux les tiares, les mitres,
La banniere d'orgueil, fausses clefs, fausses croix,
Et la pantouffle aussy qu'ont baisé tant de rois.
Il se void à la gauche un monceau qui esclatte
De chappes d'or, d'argent, de bonnets d'escarlatte :
Prelats et cardinaux là se vont despouiller
Et d'inutiles pleurs leurs despouilles mouiller.
Là faut representer la mitre hereditaire
Dont Jules tiers ravit le grand nom de mystere

Pour, mentant et cachant ses tiltres blasphemants,
Y subroger le sien escrit en diamands.

 A droicte, l'or y est une despouille rare :
On y void un monceau des haillons du Lazare.
Enfants du siècle vain, filz de la vanité,
C'est à vous à traîner la honte et nudité,
A crier enrouez, d'une gorge embrazée,
Pour une goutte d'eau l'ausmosne refusée :
Tous voz refus seront payez en un refus.

 Les criminelz adonc par ce procès confus,
La gueule de l'enfer s'ouvre en impatience
Et n'attend que de Dieu la derniere sentence,
Qui, à ce poinct, tournant son œil benin et doux,
Son œil tel que le montre à l'espouse l'espoux,
Se tourne à la main droicte, où les heureuses veües
Sont au throsne de Dieu sans mouvement tendües,
Extaticques de joye et franches de soucy.
Leur Roy donc les appelle et les faict roys ainsy :

 « Vous qui m'avez vestu au temps de la froidure,
Vous qui avez pour moy souffert peine et injure,
Qui à ma seiche soif et à mon aspre faim
Donnastes de bon cœur vostre eau et vostre pain,
Venez, races du ciel, venez, esleus du pere ;
Voz pechez sont esteints, le juge est vostre frere,
Venez donc, bien-heureux, triompher à jamais
Au royaume eternel de victoire et de paix. »

 A ce mot, tout se change en beautez eternelles,
Ce changement de tout est si doux aux fidelles :

Que de parfaicts plaisirs ! ô Dieu, qu'ils trouvent beau
Cette terre nouvelle et ce grand ciel nouveau !
 Mais d'autre part, si tost que l'Eternel faict bruire
A sa gauche ces mots, les foudres de son ire,
Quand ce juge, et non pere, au front de tant de rois,
Irrevocable, pousse et tonne cette voix :
« Vous qui avez laissé mes membres aux froidures,
Qui leur avez versé injures sur injures,
Qui à ma seiche soif et à mon aspre faim
Donnastes fiel pour eau et pierre au lieu de pain,
Allez, maudits, allez grincer vos dents rebelles
Aux gouffres tenebreux des peines eternelles. »
Lors ce front qui ailleurs portoit contentement
Porte à ceux-cy la mort et l'espouvantement.
Il sort un glaive aigu de la bouche divine,
L'enfer, glouton bruyant, devant ses pieds chemine.
D'une laide terreur les damnables transis,
Mesmes dès le sortir des tombeaux obscurcis
Virent bien d'autres yeux le ciel suant de peine,
Lors qu'il se preparoit à leur peine prochaine :
Et voicy de quels yeux virent les condamnez
Les beaux jours de leur regne en douleur terminez.
 Ce que le monde a veu d'effroyables orages,
Des gouffres caverneux et de monts de nuages,
De double obscurité, dont au profond milieu
Le plus creux vomissoit des aquilons de feu,
Tout ce qu'au front du ciel on vid onc de coleres,
Estoit serenité ; nulles douleurs ameres

Ne troublent le visage et ne changent si fort
La peur, l'ire et le mal, que l'heure de la mort
Ainsy les passions du ciel autrefois veües
N'ont peint que son courroux dans les rides des nües :
Voicy la mort du ciel en l'effort douloureux
Qui luy noircit la bouche et faict seigner les yeux.
Le Ciel gemit d'ahan ; tous ses nerfs se retirent ;
Ses poulmons près à près sans relasche respirent.
Le Soleil vest de noir le bel or de ses feux ;
Le bel œil de ce monde est privé de ses yeux.
L'ame de tant de fleurs n'est plus espanouye ;
Il n'y a plus de vie au principe de vie.
Et, comme un corps humain est tout mort terrassé
Dès que du moindre coup au cœur il est frappé,
Ainsy faut que le monde et meure et se confonde
Dès la moindre blessure au Soleil, cœur du monde.
La Lune perd l'argent de son teint clair et blanc,
La Lune tourne en haut son visage de sang ;
Toute estoille se meurt ; les prophetes fidelles
Du Destin vont souffrir eclypses eternelles ;
Tout se cache de peur ; le feu s'enfuit dans l'air,
L'air en l'eau, l'eau en terre ; au funebre mesler
Tout beau perd sa couleur ; et voicy tout de mesmes
A la pasleur d'en haut tant de visages blesmes
Prennent l'impression de ces feux obscurcis,
Tels qu'on voit au fourneau paroistre les transis.
Mais plus, comme les filz du ciel ont au visage
La forme de leur chef, de Christ la vive image,

Les autres de leur pere ont le train et les traicts,
Du prince Belzebud veritables pourtraits.
A la premiere mort ils furent effroyables,
La seconde redouble, où les abominables
Crient aux monts cornus : « O Monts, que faictes-vous ?
Esbranlez vos rochers et vous crevez sur nous ;
Cachez-nous, et cachez l'opprobre et l'infamie
Qui, comme chiens, nous met hors la cité de vie ;
Cachez-nous pour ne voir la haute majesté
De l'Agneau triomphant sur le throsne monté. »
Ce jour les a pris nuds, les estouffe de craintes
Et de pires douleurs que les femmes enceintes.
Voicy le vin fumeux, le courroux mesprisé
Duquel ces filz de terre avoient thesaurisé.
De la terre leur mere ils regardent le centre :
Cette mere en douleurs sent mi-partir son ventre,
Où les serfs de Satan regardent fremissants
De l'enfer abbayant les tourments renaissans,
L'estang de soulphre vif qui rebrusle sans cesse,
Les tenebres espais plus que la nuict espaisse :
Ce ne sont des tourments inventez des cagots
Et presentez aux yeux des infirmes bigots,
La terre ne produit nul crayon qui nous trace
Ni du haut paradis ni de l'enfer la face.

Vous avez dict, perdus : « Nostre nativité
N'est qu'un sort ; nostre mort, quand nous aurons esté,
Changera nostre haleine en vent et en fumée.
Le parler est du cœur l'estincelle allumée :

Ce feu esteint, le corps en cendre deviendra,
L'esprit, comme air coulant, parmy l'air s'espandra;
Le temps avallera de nos faicts la memoire,
Comme un nuage espais estend sa masse noire,
L'esclaircit, la despart, la desrobbe à nostre œil :
C'est un brouillard chassé des rayons du soleil.
Nostre temps n'est rien plus qu'un ombrage qui passe,
Le sceau de tel arrest n'est point subject à grace. »
 Vous avez dit, brutaux : « Qu'il y a en ce lieu
Pis que d'estre privé de la face de Dieu ? »
Ha ! vous regretterez bien plus que vostre vie
La perte de vos sens, juges de telle envie :
Car, si vos sens estoient tous tels qu'ils ont esté,
Ils n'auroient un tel goust, ni l'immortalité;
Lors vous sçaurez que c'est de voir de Dieu la face,
Lors vous aurez au mal le goust de la menace.
 O enfans de ce siecle, ô abusez mocqueurs,
Imployables esprits, incorrigibles cœurs,
Vos esprits trouveront en la fosse profonde
Vray ce qu'ils ont pensé une fable en ce monde.
Ils languiront en vain de regret sans mercy.
Vostre ame à sa mesure enflera de soucy.
Qui vous consolera ? L'amy qui se desole
Vous grincera les dents au lieu de la parolle.
Les Saincts vous aimoient-ils ? Un abisme est entr'eux;
Leur chair ne s'esmeut plus, vous estes odieux.
Mais n'esperez-vous point fin à vostre souffrance ?
Point n'esclaire aux enfers l'aube de l'esperance ?

Dieu auroit-il sans fin esloigné sa merci ?
Qui a peché sans fin souffre sans fin aussy.
La clemence de Dieu faict au ciel son office,
Il desploye aux enfers son ire et sa justice.
Mais le feu ensouphré, si grand, si violent,
Ne destruira-t-il pas les corps en les bruslant ?
Non, Dieu les gardera entiers à la vengeance,
Conservant à cela et l'estoffe et l'essence,
Et le feu qui sera si puissant d'operer
N'aura pouvoir d'esteindre, ains de faire durer,
Et servira par loy à l'eternelle peine.
L'air corrupteur n'a plus sa corrompante haleine,
Et ne faict aux enfers office d'element ;
Celuy qui le nommoit, qui est le firmament,
Ayant quitté son bransle et motives cadences,
Sera sans mouvement, et de là sans muances.
Transis, desesperez, il n'y a plus de mort
Qui soit pour vostre mer des orages le port.
Que si voz yeux de feu jettent l'ardente veüe
A l'espoir du poignard, le poignard plus ne tüe.
Que la mort (direz-vous) estoit un doux plaisir !
La mort morte ne peut vous tüer, vous saisir.
Voulez-vous du poison ? en vain cest artifice.
Vous vous precipitez ? en vain le precipice.
Courez au feu brusler, le feu vous gelera ;
Noyez-vous, l'eau est feu, l'eau vous embrasera ;
La peste n'aura plus de vous misericorde ;
Estranglez-vous, en vain vous tordez une corde ;

Criez après l'enfer, de l'enfer il ne sort
Que l'eternelle soif de l'impossible mort.
Vous vous peigniez des feux : combien de fois vostre ame
Desirera n'avoir affaire qu'à la flamme !
Vos yeux sont des charbons qui embrazent et fument,
Voz dents sont des cailloux qui en grinçants s'allument.
Dieu s'irrite en voz cris et aux faux repentir,
Qui n'a peu commancer que dedans le sentir.
Ce feu, par voz costez ravageant et courant,
Fera revivre encor ce qu'il va devorant ;
Le chariot de Dieu, son torrent et sa gresle,
Meslent la dure vie et la mort pesle-mesle.
Abbayez comme chiens, hurlez en voz tourments,
L'abisme ne respond que d'autres hurlements ;
Les Satans descouplez d'ongles et dents tranchantes
Sans mort deschireront leurs proies renaissantes ;
Ces Demons tourmentans hurleront tourmentez ;
Leurs fronts seillonneront ferrez de cruautez ;
Leurs yeux estincellans auront la mesme image
Que vous aviez baignans dans le sang du carnage ;
Leurs visages transis, tyrans, vous transiront,
Ils vengeront sur vous ce qu'ils endureront.
O malheur des malheurs, quand tels bourreaux mesurent
La force de leurs coups aux grands coups qu'ils endurent !
 Mais de ce dur estat le poinct plus ennuyeux,
C'est sçavoir aux enfers ce que l'on faict aux cieux,
Où le camp triomphant gouste l'aize indicible,
Connoissable aux meschants, mais non pas accessible ;

Où l'accord très-parfaict des douces unissons
A l'univers entier accorde ses chansons,
Où tant d'esprits ravis esclattent de loüanges.
La voix des saincts unis avec celles des anges,
Les orbes des neuf cieux, des trompettes le bruict,
Tiennent tous leur partie à l'hymne qui s'ensuit :
« Sainct, sainct, sainct, le Seigneur ! O grand Dieu des armées,
De ces beaux cieux nouveaux les voutes enflammées
Et la nouvelle terre, et la neufve cité,
Hierusalem la saincte, annoncent ta bonté.
Tout est plein de ton nom. Syon la bienheureuse
N'a pierre dans ses murs qui ne soit precieuse,
Ne citoyen que sainct, et n'aura pour jamais
Que victoire, qu'honneur ; que victoire, que paix.
« Là nous n'avons besoing de parure nouvelle,
Car nous sommes vestus de splendeur eternelle ;
Nul de nous ne craint plus ni la soif ni la faim,
Nous avons l'eau de grace et des anges le pain ;
La pasle mort ne peut accourcir cette vie
Plus n'y a d'ignorance et plus de maladie,
Plus ne faut de soleil : car la face de Dieu
Est le soleil unicque et l'astre de ce lieu.
Le moins luisant de nous est un astre de grace,
Le moindre a pour deux yeux deux soleils à la face ;
L'Eternel nous prononce et crée de sa voix
Roys, nous donnant encor plus haut que nom de roys :
D'estrangers il nous faict ses bourgeois, sa famille,
Nous donne un nom plus doux que de filz et de filles. »

Mais aurons-nous le cœur touché de passions
Sur la diversité ou choix des mansions ?
Ne doibt-on poinct briguer la faveur demandée
Pour la droicte ou la gauche au fils de Zebedée ?
Non, car l'heur d'un chacun en chacun accomply
Rend de tous le desir et le comble remply ;
Nul ne monte trop haut, nul trop bas ne devale,
Pareille imparité en difference esgalle.
Icy bruit la Sorbonne, où les docteurs subtils
Demandent : « Les esleus en leur gloire auront-ilz,
Au contempler de Dieu, parfaicte connoissance
De ce qui est de luy et toute son essence ? »
Ouy de tout, et en tout, et non totalement.
Ces termes sont obscurs pour nostre enseignement ;
Mais disons simplement que cette essence pure
Comblera de chacun la parfaicte mesure.

 Les honneurs de ce monde estoient hontes au prix
Des grades eslevez au celeste pourprix ;
Les thresors de là haut sont bien d'autre matière
Que l'or, qui n'estoit rien qu'une terre estrangère.
Les jeux, les passe-temps et les esbats d'icy
N'estoient qu'amers chagrins, que colere et soucy
Et que gehennes, au prix de la joye eternelle,
Qui sans trouble, sans fin, sans change, renouvelle.
Là sans tache on verra les amitiez fleurir :
Les amours d'icy bas n'estoient rien que haïr
Au prix des hauts amours dont la saincte armonie
Rend une ame de tous en un vouloir unie :

Tous nos parfaicts amours reduicts en un amour,
Comme nos plus beaux jours reduicts en un beau jour.
　On s'enquiert si le frere y connoistra le frere,
La mere son enfant et la fille son pere,
La femme le mary : l'oubliance en effect
Ne diminuera poinct un estat si parfaict.
Quand le Sauveur du monde en sa vive parolle
Tire d'un vray subject l'utile parabole,
Nous presente le riche en bas precipité,
Le Mendiant Lazare au plus haut lieu monté,
L'abysme d'entre deux ne les fit mesconnoitre,
Quoy que l'un fust hideux, enluminé pour estre
Seiché de feu, de soif, de peines et d'ahan,
Et l'autre rajeuni dans le sein d'Abraham.
Mais plus ce qui nous faict en ce royaume croire
Un sçavoir tout divin surpassant la memoire,
D'un lieu si excellent il parut un rayon,
Un portraict raccourcy, un exemple, un crayon,
En Christ transfiguré : sa chere compagnie
Connut Moyse non veu et sçeut nommer Elie ;
L'extaze les avoit dans le ciel transportez,
Leurs sens estoient changez, mais en felicitez.
　Adam, aiant encor sa condition pure,
Connut des animaux les noms et la nature,
Des plantes le vray suc, des metaux la valeur.
Et les esleus seront en un estre meilleur.
Il faut une aide en qui cest homme se repose,
Les saincts n'auront besoing d'aide ni d'autre chose

Il eut un corps terrestre et un corps sensuel,
Le leur sera celeste et corps spirituel.
L'ame du premier homme estoit ame vivante,
Celle des triomphans sera vivifiante;
Adam pouvoit pecher et du peché perir,
Les saincts ne sont subjets à pecher ni mourir.
Les saincts ont tout; Adam receut quelque defense,
Satan put le tenter; il sera sans puissance.
Les esleus sçauront tout, puis que celuy qui n'eut
Un estre si parfaict toute chose connut.
Diray-je plus? à l'heur de cette souvenance,
Rien n'ostera l'acier des ciseaux de l'absence.
Le triomphant estat sera franc anobly
Des larecins du temps, des ongles de l'oubly :
Si que la connoissance et parfaicte et seconde
Passera de beaucoup celle qui fut au monde.
Là sont frais et presents les bienfaicts, les discours,
Et les plus chauds pensers, fusils de nos amours.

   Mais ceux qui en la vie et parfaicte et seconde
Cerchent les passions et les storges du monde,
Sont esprits amateurs d'espaisse obscurité
Qui regrettent la nuict en la vive clarté;
Ceux-là, dans le banquet où l'espoux nous invitte,
Redemandent les aulx et les oignons d'Ægypte,
Disants, comme bergers : « Si j'estois roy, j'aurois
Un aiguillon d'argent plus que les autres rois. »

   Les Apostres ravis en l'esclat de la nüe
Ne jettoient plus ça bas ni memoire ni veüe;

Femmes, parents, amis, n'estoient pas en oubly,
Mais n'estoient rien au prix de l'estat anobly
Où leur chef rayonnant de nouvelle figure
Avoit haut enlevé leur cœur et leur nature,
Ne pouvant regretter aucun plaisir passé,
Quand d'un plus grand bonheur tout heur fut effacé
Nul secret ne leur peut estre lors secret, pource
Qu'ils puisoient la lumiere à sa premiere source :
Ils avoient pour miroir l'œil qui faict voir tout œil,
Ils avoient pour flambeau le soleil du soleil.
Il faut qu'en Dieu si beau toute beauté finisse,
Et, comme ont feinct jadis les compagnons d'Ulysse
Avoir perdu le goust de tous friands appas,
Ayant faict une fois de Lothos un repas,
Ainsy nulle douceur, nul pain ne faict envie
Après le Man, le fruict du doux arbre de vie :
L'ame ne souffrira les doubtes pour choisir,
Ni l'imperfection que marque le desir.
Le corps fut vicieux qui renaistra sans vices,
Sans taches, sans porreaux, rides et cicatrices;
En mieux il tournera l'usage des cinq sens.
 Veut-il souefve odeur? il respire l'encens
Qu'offrit Jesus en croix, qui, en donnant sa vie,
Fut le prestre, l'autel et le temple et l'hostie.
Faut-il des sons? le Grec qui jadis s'est vanté
D'avoir ouy les cieux, sur l'Olympe monté,
Seroit rávy plus haut quand cieux, orbes et poles
Servent aux voix des saincts de luths et de violes.

Pour le plaisir de voir, les yeux n'ont point ailleurs
Veu pareilles beautez ni si vives couleurs.
Le goust qui fit cercher des viandes estranges
Aux nopces de l'Agneau trouve le goust des Anges
Nos metz delicieux, tousjours prests sans appresls :
L'eau du rocher d'Oreb, et le Man tousjours frais :
Nostre goust, qui a soif, est si souvent contraire,
Ne goustra l'amer doux, ni la douceur amère ;
Et quel toucher peut estre, en ce monde, estimé
Au prix des doux baisers de ce filz bien aimé ?
Ainsy, dedans la vie immortelle et seconde
Nous aurons bien les sens que nous eusmes au monde,
Mais, estans d'actes purs, ils seront d'action
Et ne pourront souffrir infirme passion :
Purs en subject, très purs en Dieu, ils iront prendre
Le voir, l'odeur, le goust, le toucher et l'entendre ;
Au visage de Dieu seront nos saincts plaisirs,
Dans le sein d'Abraham fleuriront nos desirs,
Desirs, parfaicts amours, hauts desirs sans absence,
Car les fruicts et les fleurs n'y font qu'une naissance.

 Chetif, je ne puis plus approcher de mon œil
L'œil du ciel ; je ne puis supporter le soleil.
Encor tout esblouy, en raisons je me fonde
Pour de mon ame voir la grand' ame du monde,
Sçavoir ce qu'on ne sçait et qu'on ne peut sçavoir,
Ce que n'a ouy l'oreille et que l'œil n'a peu voir :
Mes sens n'ont plus de sens, l'esprit de moy s'envolle,
Le cœur ravy se taist, ma bouche est sans parolle :

Tout meurt, l'ame s'enfuit et, reprenant son lieu,
Extaticque, se pasme au giron de son Dieu.

FIN DES TRAGIQUES.

ADDITIONS[1]

A la Chambre dorée, V. t. I, p. 157, v. 22,
après *marotte* :

*Souffrirons-nous un jour d'exposer nos raisons
Devant les habitants des petites maisons ?
Que ceux qui ont été liés pour leurs manies
De là viennent juger et nos biens et nos vies ;*

---

1. Ces additions sont sur une feuille volante, qui, dans notre manuscrit, se trouve placée avant l'*Avis aux Lecteurs* (p. 3 du tome I.)
La même feuille volante contient 1º des *Interprétations des mots en blanc qui sont dans les Tragiques*, lesquelles (au nombre de vingt-quatre) ont été mises à profit dans notre texte; 2º des *Mots à corriger*, corrections qui (au nombre de neuf) ont été faites; enfin 3º le sonnet imprimé p. 16 du tome I, mais avec ce titre plus explicite : *Sonnet de Anne de Rohan à Prométhée sur son larçin.* Il est à remarquer que le texte de ce sonnet présente ici plusieurs variantes avec celui donné plus haut, lesquelles le rendent conforme à la

ADDITIONS

Que telles gens du roy troublent de leur caquet,
Procureurs de la mort, la cour et le parquet :
Que de sainct Mathurin le fouët et voyage
Loge ces pelerins dedans l'aréopage.

A LA CHAMBRE DORÉE, V, t. I, p. 180, v. 27,
après *donnent* :

Mais comme il n'y a rien sous le haut firmament
Perdurable en son estre et franc de changement,
Souïsses et Grisons, et Anglois et Bataves,
Si l'injustice un jour vous peut voir ses esclaves,
Si la ville chicane administre vos loix,
Alors Grison, Souïsse et Batave et Anglois,
N'aïes point que la peur en ton esprit se jette
Par le regard affreux d'un menaçant comète :
Pren ta mutation pour comète au malheur,
Ainsi que tu l'as su pour astre de bonheur.

---

version publiée par d'Aubigné en tête de l'édition sans date.
 La liste des *Interprétations* et des *Mots à corriger* se rapporte (ainsi que les pages et lignes de renvoi permettent de le constater) à l'édition de 1616. Il faut en conclure qu'elle fut dressée en vue de la deuxième édition, celle sans date. — Quant aux trois *Additions*, la première avait déjà été insérée dans l'édition de 1616, et M. L. Lalanne l'a reproduite, p. 135 de son édition. Les deux autres additions étaient restées inédites.

Aux Vengeances, V. tome II, p. 128, v. 2, après
dessus l'onde :

Se joüa sur la mort, pour se joüer encor
Des joyaux d'un grand Roy, de la couronne d'or
Que dessus ce beau front pour essai il fit mettre :
Dans le poing de l'enfant fut adjousté le sceptre,
Que l'innocente main mit par terre à morceaux.
Vous r'appristes bientost, ô decevantes eaux,
La leçon de noyer par le déluge apprise,
Vous l'oubliastes lors que vous portiez Moyse.

INTERPRÉTATION DES MOTS EN BLANC

QUI SONT DANS LES TRAGIQUES [1]

Page 25, ligne 21, *florentin*
— 26, — 4, *Florence*
— — — 13, *Italie*
— — — 14, *Ton fils*
— — dernière, *Florentin*
— 27, — 14, *Florence*
— — — 16, *Medicis*
— — — 18, *Catherine*
— 29, dernière, *Catherine*
— 32, — 15, *florentines*
— 65, — 9, *mol tyran*
— 71, — 1, *meschans, cruels sont*

1. Il s'agit ici de la première édition, celle de 1616, et c'est bien aux pages de cette édition que se rapportent les renvois. — Dans la troisième édition, donnée par M. Lalanne, on trouve les interprétations que lui ont fournies deux exemplaires où elles sont ajoutées à la main, exemplaires appartenant, l'un à M. Beaupré, l'autre à M. Maxime du Camp. J'ai eu également à ma disposition un exemplaire de l'édition de 1616 appartenant à M. William Martin, et où les interprétations manuscrites sont à peu près semblables. — On a maintenant sous les yeux celles de d'Aubigné lui-même.

INTERPRÉTATION DES MOTS EN BLANC

Page 71, ligne 11, *mère impudique*
— 181, — 15, *Florentine*
— — 18 et 26, *femme*
— 213, — 3, *Jesabel*
— 233, — 19, *Florentins*
— 352, — 9, *Florentin*
— 359, pénultième, *Bourbons*
— 360, — 1, *Leur ingrat successeur*
— — — 2, *Rinseur de la canette, humble*
— — — 3, *retordre la queüe*
— — — 4, *Que dirois-tu, Bourbon, de ta race honteuse ?*
— — — 5, *Tu dirois, je le scay, que ta race est doubteuse.*

MOTS A CORRIGER [1]

Page	88,	ligne	6,	au lieu de *grace,*	lis *garce* [2]
—	94,	—	9,	— *lems,*	— *les*
—	169,	—	1,	— *perelins,*	— *pelerins*
—	180,	—	23,	— *forme.*	— *force*
—	198,	—	4,	— *ronger,*	— *beuger*
—	210,	—	10,	— *paroissoit,*	— *paroissoyent*
—	241,	—	6,	— *guerrée,*	— *guerre*
—	—	—	8,	— *employent*	— *employeyent*
—	242,	—	7,	— *l'espece,*	— *l'espaisse*

1. Dans la première édition des *Tragiques.*
2. C'est à ce vers (ci-après, t. I, p. 135, v. 26) :
    Voila pour devenir grace *du Cabinet.*

Mais par une singulière inadvertance, cet *erratum* ne relève pas la même métathèse qui s'était produite quelques pages plus haut (V. tome I, p. 125; v. 22), et qui se retrouve, même dans l'édition de 1857, à ce vers :
    Des graces *du Huleu.........*

FIN DU MANUSCRIT

APPENDICE[1]

AU LECTEUR

'IMPRIMEUR *est venu se plaindre à ce matin de n'avoir que deux vers pour sa dernière feuille ; j'ay mis la main sur l'inscription que vous verrez. Il advint que Henry le Grand, voulant poser en quelque lieu deux tableaux, l'un de sa guerre, l'autre de sa paix, il demanda ce present à trois personnes choi-*

---

1. Afin de ne rien omettre de ce qui se trouvait dans les éditions antérieures, nous donnons ici en appendice trois morceaux additionnels qui ne font pas partie de notre manuscrit genevois. C'est, comme le déclare l'auteur, un remplissage, et il était coutumier du fait, comme on peut le voir dans l'*Histoire universelle* et ailleurs : il avait

sies en son royaume. Nostre aucteur accepta le premier, faisant trouver bonne au roy cette response : « Sire, vous trouverez assez en vostre Cour d'historiens de paix et de pilottes d'eaue douce ; je vous supplie vous contenter que je rapporte vos tourmentes et victoires, desquelles j'ai esté partie et tesmoing. » C'est ce que je vous presente contre ceux qui disent que mon maistre n'a sçeu que blasmer : à la vérité il a eschappé contre les grands qui n'ont porté le hausse-col qu'en parure, desnaturez en vengeances comme en voluptez, mais il a bieu sçeu (et icy et par son Histoire) eslever son prince, qui surpassa la nature en courage et ne l'excedera jamais ny en haines ny en amours.

PROMETHÉE.

---

horreur des pages blanches. Mais ces ajoutages de vers ou de prose ont toujours de l'intérêt avec un original tel que d'Aubigné. Ils contiennent le plus souvent quelque apologie ou revendication personnelle, à la façon du *sic vos non vobis*.

A LA FRANCE DÉLIVRÉE
SOIT POUR JAMAIS SACRÉ
HENRY QUATRIESME
TRÈS AUGUSTE, TRÈS VICTORIEUX.

'AN 1553, *au solstice d'hyver (poinct plus heureux de toutes nativitez), fut donné du Ciel à la France, sur les racines des Pyrénées (bornes naturelles de l'Espagne), pour devenir une barriere plus seure que les montagnes : nourry en lieux aspres, teste nuë et pieds nuds, par Henry son ayeul, preparant un coin d'acier aux nœuds serrez de nos difficultez. Son aage seconde veid son pere mort, sa mere fuitive, ses proches condamnez, ses serviteurs bannis. Il se trouve armé à quatorze ans en un party miserable, affoibly de trois batailles perduës, n'ayant de reste que la vertu. Sa jeunesse eut pour entrée des nopces funestes : trente mille des siens massacrez et sa prison redoublée. Sa liberté le faict chef des pieces ramassées d'un party rogné, dans lequel, maistre pour le soin, compagnon pour les perils, il finit sept guerres desesperées par sept heu-*

reuses paix. Pour à quoy parvenir, il luy falut respondre à quarante cinq armées royales, desquelles il en a eu pour une fois neuf bien équipées sur les bras. L'aube de son esperance parut à Coutras, où ayant digeré les angoisses du general, porté la vigilance du mareschal de camp, le labeur de sergent de bataille, il prit la place de soldat hazardeux. Après, ayant partagé la Guyenne, fait part de ses exploits au Dauphiné, au Languedoc, conquis le Poictou, entamé l'Anjou, voyant le duc de Guise mort, ses adversaires divisés, le roy à l'extremité, il remit à la France ses injures, ses blessures et le dernier accès. Redressoit le roy, quand le royaume en pièces se laissa choir dans ses bras victorieux. Ce grand roy fait homme porta des labeurs plus que d'homme; en courant aux feux divers du royaume, il rencontra autant de charges que de traites, et de sieges que de logis. Ses partisans, envieux de sa vertu avant qu'estre delivrés par elle, bastissent divers partis dans les ruines de l'estat, si bien qu'il les falloit vaincre pour les mener vaincre leurs ennemis : c'est ce qui fit trouver à l'indomtable les combats du cabinet, ses angoisses, ceux de la campagne, ses voluptés. Or, après avoir monstré devant Arques son esperance contre espoir, le secours du ciel à ses prieres, à Yvry sa vertu contre l'imparité du nombre, sa resolution à relever les batailles esbranlées ; après que l'Italie et l'Espagne eurent jetté sur les bras du règne divisé quatre armées differentes, et qu'estant venu et ayant veu et vaincu, il leur fit trouver à grand gain et honneur d'en remmener les pièces, de là en avant chacun de ses coups fut amorce du second, chaque victoire instrument de la suivante. Il fit perdre à ses ennemis leurs pretextes, l'espoir et les partis. Enfin, pour loyer de sept batailles, de vingt rencontres d'armées, de cent vingt-cinq combats enseignes deployées, de deux cent sieges heureusement exploictés par sa presence ou sous ses auspices, il se vainquit soy mesme, donna à ses ennemis biens et vies, aux siens le repos, la paix à tous, comme ployant en un chapeau d'olive les cimes esgarées de ses palmes et lauriers à couronner d'un diademe bien composé son chef victorieux.

L'IMPRIMEUR AU LECTEUR

J'AI eu plaisir de voir couronner le livre de cette pièce rare, et n'ai peu souffrir que tu ne saches que cet eloge, eschantillon du style de l'autheur en tous ses escrits, fut incontinent contrefait et tout à la fois par des personnes fort estimées, qui n'eurent point *honte d'en prendre les lignes entières. Un advocat de la Cour (qui merite bien d'estre juge, comme amateur de rendre le droit à chacun) fit imprimer la pièce originaire et les imitations, rendant à l'autheur l'honneur qui lui appartenoit, bien qu'il n'en eust point de connoissance. De plus, la traduction en estant venue d'Italie, Père Cotton, qui la voyoit à regret bien venue à la Cour, porta l'italien au roy pour taxer l'inventeur de n'estre que traducteur. Ce que sachant bien, Lecteur, j'ai voulu que tu le sceusses. A Dieu, jusqu'au premier de mes labeurs.*

1. On voit que d'Aubigné a profité de l'occasion pour dénoncer un plagiaire et pour éventer une mèche de son ennemi intime, le Père Cotton. Il signale aussi l'ouvrage d'un « advocat de la Cour », qui avait reconnu sa paternité au sujet du petit panégyrique de Henri IV. Cet ouvrage est évidemment le petit recueil intitulé : *Florilegium rerum ab Henrico IIII immortaliter gestarum*, Paris, Saugrain, 1609, in-8º de 84 pp. On y trouve, en effet, la pièce qui précède, avec traduction (*ex gallico Aubignerii*), et, à la suite, une autre pièce qui en est la paraphrase, par Ange Cappel, sieur du Luat. Ce dernier était un huguenot, secrétaire de Henry IV et ami de Sully. L'Estoile nous apprend dans son Journal (à la date du mois de mars 1599) qu'il eut maille à partir avec la justice « pour un discours au Roi, intitulé *le Confident*, qu'il avoit fait imprimer chez M. Patisson, où il y avoit dedans quelque traict contre la maison du Connestable ».

NOTES

BIBLIOGRAPHIQUES ET PHILOLOGIQUES

DU TOME SECOND

P. 7. v. 27. — *Chaz*, trou d'une aiguille.

P. 10, v. 27. — Ce sont là quatorze vers que d'Aubigné avait insérés dans son *Traité de la douceur des afflictions*, publié vers 1600, et dont deux ont été plagiés par P. Matthieu, l'auteur des « doctes *Tablettes* », dont parle le *Gorgibus* dans la scène 1re de *Sganarelle*, (V. tome I, note sur la page 6, l. 18) :

> *Les quatrains de Pibrac et les doctes Tablettes*
> *Du conseïller Matthieu : l'ouvrage est de valeur*, etc.

P. 14, v. 25. — *Escoce*, lisez *escorce*.

P. 16, v. 15. — C'est *Ibycus*, non *Irus*, qu'a voulu dire d'Aubigné. On connaît l'histoire des grues dont la vue fut cause que le meurtrier du poëte Ibycus se dénonça lui-même. Par une autre et singulière inadvertance, on lit : les

« grues de *Pyrrhus* » dans la *Confession de Sancy*, II, ch. 8.

P. 18, v. 10. — *Tramontane*, vent de la montagne ; parfois, dans d'Aubigné, le mistral.

P. 24, v. 10. — *D'une Caille*. D'Aubigné joue ici sur le nom de Marguerite Le Riche, dite dame de la Caille. Voir le Martyrologe de Crespin, fol. 965, et d'Aubigné lui-même, *Hist. univ.*, I, 122.

P. 24, v. 13. — M. Benj. Fillon nous apprend, dans sa brochure *l'Eglise réformée de Fontenay*, 1872, in-4, qu'en tête d'un volume publié à la Rochelle, en 1583, in-8 (*Le Testament et Codicille de maître Jehan Imbert, lieut. crim. de Fontenay-le-Comte*), se trouvent plusieurs pièces de vers en l'honneur de ce jurisconsulte, entre autres ce quatrain, signé Esther Imbert, fille de Jacques :

> *Combien plus efficace est la voix qui la console,*
> *Quand joinct le saint prescheur l'exemple à la parolle,*
> *Comme fist une foys cest Imbert courageux.*
> *Qui de l'ardent buscher osa braver les feux !*

On voit que d'Aubigné aurait transcrit ici les deux premiers vers de ce quatrain et arrangé les deux derniers pour les appliquer à Anne Dubourg, — à moins que ce ne soit l'inverse, puisque les *Tragiques* coururent longtemps en manuscrit.

P. 25, v. 20. — Après ce vers, il y en a, dans les deux premières éditions, quatre que notre ms. a laissés de côté :

> *Montalchine, l'honneur de Lombardie, il faut*
> *Qu'en ce lieu je t'eslève un plus brave eschafaut*
> *Que celuy sur lequel, aux portes du grand temple,*
> *Tu fus martyr de Dieu, et des martyrs l'exemple.*

Voir ci-après, p. 28, v. 18. Il s'agit de Jean Molle, de Montalchino en Toscane, un des martyrs dont parlent Crespin et d'Aubigné lui-même (*Hist. univ.*, I, 104).

P. 35, v. 4. — *Et Le Brun, Dauphinois...* Un exemplaire de la première édition (Bibl. de l'Institut), qui porte : *Et le Brun*, a ici, en note anciennement écrite à la main : *M. de Montbrun.* C'est donc « le brave » Dupuy-Montbrun, décapité à Grenoble le 12 août 1575. On sait que ce héros subit la mort avec une constance et une fermeté incroyables.

P. 39, v. 6. — Ce vers et les deux suivants, qui sont de la première édition, remplacent dans notre ms. sept autres de la seconde édition que voici :

Le subject du massacre, et non pas la furie,
Laissoit dedans Paris reposer les cousteaux,
Les lames, et non pas les âmes des bourreaux :
D'entre les sons piteux de la grand'boucherie
Un père avoit tiré sa misérable vie ;
Sa femme le suivit, et hors des feux ardans
Sauva le moins aagé de trois de ses enfans.

P. 40, v. 16. — *Ce ses tendres brebis,* lisez *De...*

P. 44, v. 22. — *Rengreger,* variante, pour *desguiser.*

P. 44, v. 22. — *Périlles.* Pérille, inventeur du taureau d'airain de Phalaris.

P. 47, v. 15. — *Les feux de la canicule.*

P. 47, v. 20. — *Barriquez,* barricadés.

P. 48, v. 3. — Sachons grand gré à d'Aubigné d'avoir transmis à la postérité ce trait sublime. Il l'a encore raconté dans sa *Confession de Sancy* (II, 7) en ces termes : « Que direz-vous du pauvre potier M. Bernard, à qui le roi parla un jour de cette sorte : « Mon bonhomme, il y a quarante-« cinq ans que vous estes au service de la Reine ma mère et « de moi ; nous avons enduré que vous ayez vescu en « vostre religion, parmi les feux et les massacres. Mainte-« nant, je suis tellement pressé par ceux de Guise et mon « peuple, qu'il m'a fallu malgré moi mettre en prison les

« deux femmes et vous. Elles seront demain bruslées, et
« vous aussi, si vous ne vous convertissez. — Sire, respond
« Bernard, le comte de Maulevrier vint hier de vostre part
« pour promettre la vie à ces deux sœurs si elles vouloient
« vous donner chacune une nuict. Elles ont respondu
« qu'encores qu'elles seroient martyres de leur honneur
« comme celui de Dieu. Vous m'avez dit plusieurs fois que
« vous aviez pitié de moi, mais moi j'ai pitié de vous, qui
« avez prononcé ces mots : *J'y suis contrainct*. Ce n'est
« pas parler en roi ! Ces filles et moi, qui avons part au
« royaume des cieux, nous vous apprendrons ce langage
« royal que les Guisards, tout votre peuple, si vous ne
« sçauriez contraindre un potier à fléchir les genoux devant
« des statues. »

« Voyez l'impudence de ce bélistre, ajoute d'Aubigné.
Vous diriez qu'il auroit lu ce vers de Sénèque : *Qui mori
scit, cogi nescit.* » — Oui, certes, *la France avoit mestier*
(besoin).

Que ce potier fût roi, que ce roi fût potier !

P. 48, v. 15. — Ces vingt-deux vers avaient été insérés
par d'Aubigné, comme ceux ci-dessus (note sur la p. 10,
v. 27), dans le *Traité de la douceur des afflictions*, imprimé
vers 1600 ; mais il les a remaniés depuis et assez notable-
ment modifiés, comme on en jugera en comparant les
vingt-quatre vers primitifs que voici :

Nature s'employant à ceste trinité,
A ce poinct vous para d'angelique beauté ;
Et pour ce qu'elle avoit en son sein préparées
Des beautés pour nous rendre en vos jours honorées,
Elle prit tout d'un coup l'amas fait pour tousjours,
Et, donnant à un jour l'apprest de tous vos jours,
Elle prit à deux mains les beautés sans mesure,
Beautés que vous donnez au Roy de la nature,
Et à ce coup prodigue en vous, ses chers enfans,
Ce qu'elle reservoit pour le cours de vos ans.
Ainsi le beau soleil monstre un plus beau visage

Dans le centre plus clair sous l'espais du nuage,
Et ce par regretter et par desirs aimer,
Quand ses rayons du soir se plongent en la mer.
Ce coucher en beaux draps que le soleil décore
Promet le lendemain une plus belle aurore :
Aussi ce beau coucher tesmoigne à ces martyrs
La resurrection sans pluye et sans soupirs.
Ces martyrs s'avançoient d'où retournoit Moïse,
Quand sa face parut si belle et si exquise.
D'entre les couronnés le premier couronné
De tels rayons se vit le front environné :
Tel en voyant son Dieu fut veu le grant Estienne
Quand la face de Dieu brilla dedans la sienne.

P. 50, v. 11. — *Carquans*, colliers.

P. 50, v. 12. — *Jaserans*, aujourd'hui *jaserons*, chaînes et bracelets d'or, bijoux de femme.

P. 66, v. 18. — Même observ. que pour la page 167, v. 11, du tome I.

P. 69, v. 21. — Même observation.

P. 70, v. 4. — Ce n'est pas au massacre de Wassy que se rapporte ce passage, comme le dit en note l'édit. Jannet, mais aux exécutions qui suivirent la conjuration d'Amboise. C'est là qu'eut lieu le fait relaté plus loin, au vers 11.

P. 70, v. 28. — Voir ci-dessus la note sur p. 44, v. 10 du tome I.

P. 75, v. 6. — *L'estamine linomple...* Les édit. antérieures portaient *ninomple*, et M. Lalanne, après de vains efforts, avait renoncé à l'expliquer. La première lettre changée dans notre ms. éclaircit tout. « *Linon*, on dit aussi *linomple*, toile de fin lin, pour rabats et manchettes », lit-on dans le Dict. de Furetière et dans celui de Trévoux.

P. 76. v. 3. — Inadvertance de l'auteur. Quatre rimes féminines.

P. 85, v. 15. — Ce vers et les trois suivants, qui sont dans la première édition et dans notre ms., ont été remplacés dans la seconde par ceux-ci :

De rougir ses rayons le pur et beau soleil
Y presta, condamné, la torche de son œil,
Encor, pour n'y monstrer le beau de son visage,
Tira le voile en l'air d'un louche et noir nuage.

P. 89, v. 6. — M. Lalanne a pensé qu'il fallait évidemment lire *Louvre*, au lieu de *louve*, quoique les deux éditions primitives portent ce dernier mot. Notre ms. le donne de même. — *Louve* n'est-il pas ici une métaphore pour apostropher Catherine de Médicis et lui dire que la Seine veut engloutir ses édifices, les Tuileries, etc. ?

P. 90, v. 13. — D'Aubigné joue ici sur le nom de *Ramus*, le célèbre Pierre La Ramée, lecteur au Collège de France.

P. 91, v. I. — Vers que Sainte-Beuve admirait tant. (V. p. XXIII du tome I.)

P. 96, v. 15. — Au lieu de ces deux vers donnés par notre ms., il y avait dans l'édition de 1616 :

Puis ces coups tant blamez enfin par ces citez
Furent à moins de nombre à regret imitez.

P. 99, v. 21. — D'Aubigné a cité ces deux vers dans une de ses *Méditations* (Pet. œuv. mesl., p. 105) :

Dieu nous despechera, commissaires de vie,
La poule de Merlin et les corbeaux d'Elie.

P. 101, v, 7. — *Baalims*, Baalins, sectateurs de Baal.

P. 103, v. 4. — *Abbayant*, baignant. De là, *baie*.

P. 106, v. 22. — *L'engeance loyolite* : de Loyola, l'ordre des jésuites.

P. 107, v. 4. — *Venise voir du jour une aube sans soleil.* Allusion à la ferme attitude que la République Vénitienne avait prise dans le différend qui s'était élevé entre elle et la cour de Rome, au sujet des immunités ecclésiastiques. L'intervention du roi de France avait amené un arrangement contraire aux espérances de schisme que les protestants avaient pu concevoir.

P. 107, v. 13. — Ce vers et les quatorze suivants remplacent, dans notre ms., un même nombre d'autres vers qui avaient été la plupart ajoutés dans la seconde édition, et que voici :

Je voy jetter des bords de l'infidèle terre
La planche aux assassins aux costes d'Angleterre;
La peste des esprits qui arrive à ses bords
Pousse devant la mort et la peste des corps.
Révolte en l'Occident, au plus loin de la terre,
Les François impuissans et de paix et de guerre.
Un prince Apollyon, un Pericle en sermens,
Fait voir au grand soleil les anciens fondemens
De ses nobles cités qu'il réduit en masures.
Roy de charbons, de cendre, et morts sans sépultures,
[Les Bataves pipez, Ottoman combatu,
Les Allemans par eux contraincts à la vertu.
Quoi ! la porque Italie à son rang fume et souffre
L'odeur qui luy faschoit de la flamme et du soufre.]

Les vers qui étaient seuls dans l'édition primitive de 1616 sont ici entre crochets.

P. 108, v. 4. — *L'aere (l'ère) joint à nos mille trois six*, c'est-à-dire l'an mil six cent soixante-six (1666). *Numerus bestiæ sexcenti sexaginta sex*, dans l'Apocalypse. C'est le nombre de l'Antechrist : son avènement et la fin du monde étaient annoncés pour cette année-là.

P. 108, v. 21. — Ce vers et les quatre suivants, que donne notre ms., ont été ajoutés dès la seconde édition. Celle de 1616 n'en avait qu'un seul :

Ta main m'a délivré, je te loueray, mon Dieu.

P. 109, v. 13. — *D'unions exquises*. Perles en forme de poires, en latin *unio*.

P. 113. — Après le dernier vers de ce livre, p. 221 de la première édition (de 1616), se trouve placée en fin de page, et en guise de cul-de-lampe, une petite vignette en ovale gravée sur bois, dont la légende imprimée au-dessous est : *Virtutem claudit carcere pauperies*. — Cette même vignette figure trois fois, également en cul-de-lampe, dans la première édition de l'*Histoire universelle* de d'Aubigné, imprimée de 1616 à 1620 à Maillé. (Voir le t. I, p. 365; le t. II, p. 328, *in fine* après la table des chapitres, et le t. III, p. 105, fin du premier livre.) Mais ici la légende circulaire est en français : *Povreté empeche les bons espritz de parvenir*. — Le sujet est, dans les deux cas, un homme dont la main droite est alourdie et attirée vers le sol par une pierre qui est attachée à son avant-bras, tandis que la main gauche, qui est libre et allégée par des ailes fixées au poignet, s'élève vers le ciel, où l'on aperçoit la figure du Père éternel fendant la nue. — Cette vignette avait servi de marque au titre du premier ouvrage de Bernard Palissy, publié à La Rochelle en 1563 (*Recepte véritable*, etc.), et l'on a cru longtemps que ce sujet et sa mélancolique devise étaient propres au pauvre potier ; mais on en a signalé d'autres exemples (*Bull. du protest. fr.*, XI, 323; XIII, 277), et j'en ai rencontré tout récemment un analogue, au titre d'un *Traité de la Sphère*, publié à Rouen, chez Jacques Cailloué, 1651, pet. in-4. Là c'est l'emblème tel qu'il est donné par Alciat, dès 1531, avec sa légende primitive : *Paupertas summis ingeniis obesse ne provehantur*. Seulement on l'a estropiée ; Alciat avait dit : *Paupertatem*..

— Ajoutons que M. Benj. Fillon a aussi donné des renseignements dans son beau travail *l'Art de terre chez les Poitevins* (1864, in-4). sur cette marque que l'imprimeur Barthélemy Berthon, de La Rochelle, semble s'être appropriée avec la devise : *Povreté empeche*, etc.

Quant à d'Aubigné, il avait sans nul doute approvisionné à La Rochelle le matériel de l'imprimerie établie par lui à Maillé. La vignette en venait probablement, et elle aura servi comme un fleuron banal, ce qui confirme d'ailleurs la présomption que la première édition des *Tragiques*, celle de 1616, a été faite à Maillé.

P. 122, v. 8. — *Le Quicajon*. Le kikajon; espèce de palma-christi, arbuste que Dieu donne pour abri à Jonas, et qu'il fait sécher sur pied, afin d'éprouver sa foi. (*Jonas*, IV, 6 à 11.)

P. 125, v. 11. — *Tiercelets*. Oiseau de proie mâle, plus petit d'un tiers que la femelle. Au figuré, petit individu ; ici, diminutifs de géants.

P. 128, v. 2. — Notre ms. intercale ici huit vers nouveaux. (Voir ci-dessus, p. 209.)

P. 128, v. 12. — Après ce vers, les éditions antérieures donnent ces deux-ci, que supprime notre ms. :

Le Jourdain, vostre filz, entr'ouvrit ses entrailles
Et fist, à vostre exemple, au peuple des murailles,

C'est évidemment une omission de notre ms., car ces deux vers, qu'il ne remplace pas, sont nécessaires entre les quatre rimes masculines.

P. 129, v. 14. — Après ce dernier vers, notre ms. retranche ces deux-ci, qui sont de la première édition :

Donne gloire au grand Dieu et le monstre à ton rang,
Jezabel altérée et puis ivre de sang.

L'omission ici est motivée, car il y avait quatre rimes masculines à la suite, irrégularité due sans doute à une addition mal faite d'une édition à l'autre.

P. 141, v. 14. — *En cheval duratée*. Le cheval de bois (*durateus*, δουράτεος), qui amena la prise de Troie.

P. 150, v. 16. — *Arrer*, arrher, donner des arrhes.

P. 154, v. 28. — *Inferies*, sacrifices offerts aux mânes, *inferiæ*. (V. le *Corollaire de l'Hist. univ.* de d'Aubigné, III, 540.)

P. 156, v. 25. — *Spera*, pour *Spiera*, avocat italien, qui adopta la Réforme, puis y renonça, et se laissa mourir de faim en 1548.

P. 162, v. 15. — Les cinquante-huit vers qui suivent ont été ajoutés à la seconde édition.

P. 162, v. 24. — *L'esteule*, la paille.

P. 163, v. 26. — Inadvertance de l'auteur : quatre rimes féminines.

P. 166, v. 28. — *Lestrain*, lutrin.

P. 167, v. 1, 3, 4, 5. — Ces mots : *Bourbons* — *leur ingrat successeur* — *Rinceur de la canette, humble* — *retordre la queüe* — étaient remplacés par des tirets dans les éditions antérieures. (Voir p. 211.)

P. 165, v. 4. — *Rinceur de la canette,* qui nettoie la burette.

P. 167, v. 7 et 8. — Ces deux vers ont été ajoutés dès la seconde édition, sauf le mot *Bourbon*, remplacé par un tiret.

P. 170, v. 3. — Ce vers et les huit qui suivent sont une addition de notre ms.

P. 177, v. 1. — Les six vers suivants ont été cités par d'Aubigné dans une de ses *Méditations* (Pet. œuv. mesl., p. 113), avec ces variantes :

> *L'homme de qui l'esprit à penser est porté*
> *Dessus les cieux des cieux vers ta divinité*
> *A servir, adorer,* résonner *et cognoistre,*
> Juger pour le plus haut ce qui est au bas estre, etc.

Le reste comme dans notre texte.

P. 177, v. 16. — Les six vers qui précèdent sont déjà ajoutés dans la seconde édition. Dans celle de 1616, il n'y avait que ces deux vers :

Participer un jour : de vos sens le service
Pour soy avec autruy a presté son office.

P. 179, v. 23. — Ce vers et les quinze suivants sont une addition de notre ms.

P. 181, v. 28. — *Affrontez de vanies*, d'avanies.

P. 183, v. 20. — *Ante matharafde kali...* L'exemplaire de la Biblioth. de l'Institut (prem. édit. de 1616) a ici une note anciennement écrite à la main, qui renvoie aux *Histoires admirables* (de Simon Goulart), t. I, fol. 42. On y trouve en effet le récit de résurrections d'ossements qui avaient lieu, près du Caire, tous les ans, le 25 mars. « Comme un témoin de ces scènes vouloit se saisir d'une teste chevelure d'enfant, un homme du Caire s'écria : *Kali, Kali, ante matharafde*, c'est-à-dire *laisse, laisse, tu ne sçais que c'est de cela !* »

P. 189, v. 1. — *En mire*, en face, vis-à-vis.

P. 194, v. 7. — *Ahan*, grand effort, lassitude. Onomatopée.

P. 198, v. 5 à 12. — Double inadvertance de l'auteur : quatre rimes féminines et quatre masculines à la suite.

P. 198, v. 25. — Ces dix vers ont été cités par d'Aubigné dans une de ses *Méditations* (Pet. œuv. mesl., p. 61), où la citation est ainsi amenée : « Nous lisons en quelque escrit de ce temps une peinture de l'estat des damnez, auquel est apporté cette comparaison en ces termes :

Or, de ce dur estat le point plus envieux... »

Ce dernier mot *envieux* est ici substitué à *ennuyeux* de notre texte, et à *plus fascheux* des précédentes éditions.

P. 200, v. 2. — *Mansions*, demeures, séjours, *mansio, manere*.

P. 200, v. 7. — Encore deux vers que d'Aubigné s'est plu à citer dans ses *Méditations* (Pet. œuv. mesl., p. 118[1], en amenant ainsi sa citation : « Or, voici le comble de joie et de liesse : c'est que cette félicité estant departie en diverses mansions, remplira chacun selon sa mesure, afin que chacun soit heureux parfaitement ; et pource que les bienfaits de Dieu sont sans borne et sans repentance de son costé, ses grâces surpassent nos mesures : donc, au lieu de raser, il verse au comble jusques à ce que le boisseau en laisse aller la surabondance à la perfection de tous ; que, s'il y a du plus ou du moins, c'est pourtant le tout en tout, dont nous lisons en quelque lieu :

> *Nul ne monte trop haut, nul trop bas ne desvale,*
> *Pareille imparité en difference esgale.*

P. 202, v. 18. — *Fusils*, autrefois briquets en fer, à pierre et à détente, pour allumer l'amadou : d'où, pierre à fusil. — L'ancien *fusil*, à qui le nom en demeura si longtemps, n'était autre que le mousquet, où l'on avait remplacé la mèche primitive par le briquet à ressort, dit *fusil*. Lorsque le piston eut à son tour remplacé le fusil, on continua à dire improprement *fusil à piston* ; et ne dit-on pas encore aujourd'hui *fusil à aiguille, fusil Chassepot* ? Nous sommes pourtant loin du pauvre briquet qui seul pouvait motiver, dans l'origine, ce nom de *fusil* donné, par ellipse, au mousquet à pierre. Mais, en fait de langue, c'est l'usage souvent irréfléchi, qui fait loi : *Si volet usus*.

P. 202, v. 20. — *Storges*, affections, soucis, soins.

P. 203, v. 16. — *Le Man*, la manne.

TABLE DES MATIÈRES

DU TOME SECOND

	Pages
Livre IV. — Les Feux.......................	1
Livre V. — Les Fers........................	55
Livre VI. — Vengeances....................	115
Livre VII. — Jugement.....................	161
Additions.................................	207
Interprétation des mots en blanc............	210
Mots à corriger............................	212
Appendice. — Prométhée au Lecteur........	213
A la France délivrée. — Panégyrique du roi Henri IVe	215
L'Imprimeur au Lecteur....................	217
Notes bibliographiques et philologiques.....	219

PARIS

IMPRIMERIE DE D. JOUAUST, L. CERF SUCC^r

12, RUE SAINTE-ANNE

www.ingramcontent.com/pod-product-compliance
Lightning Source LLC
Chambersburg PA
CBHW071909160426
43198CB00011B/1231